KB039306

동굴 낙서는
어떻게
미술이
되었을
까?

동굴 낙서는 어떻게 미술이 되었을까?

10대를 위한 서양미술사 박우찬 지음

|주|자음과모음

미술의 세계, 세계의 미술

먼 옛날 구석기 원시인이 동굴 벽면에 그림을 그리기 시작한 이후, 화가들은 오랜 시간 동안 고통스러운 훈련을 통해 다양한 미술 기법을 발전시켜 왔다. 그들은 다양한 기법을 이용해 동굴, 성당 벽, 나무 판, 캔버스 등에 원하는 그림을 그려 냈다. 레오나르도 다 빈치, 미켈란젤로, 라파엘로와 같은 16세기 르네상스 대천재들의 숙달된 손은 그리지 못할 주제가 없었으며, 표현하지 못할 형태가 없을 정도였다. 르네상스 시대의 천재들이 구축한 사실주의 미술의 토대는 바로크, 로코코, 신고전주의, 낭만주의, 사실주의를 거치며 더욱 굳건해졌다.

어두컴컴한 동굴에서 인류 최초의 미술이 탄생한 이후, 미술은 눈앞의 세상을 리얼하게 모방하기 위해 최선의 노력을 해 왔다. 그러다 19세기 중반, 사진이 출현하자 사정은 180도로 달라졌다. 현실을 똑같이 그리는 일에 있어 사진을 쫓아갈 수가 없었던 화가들은 생존을 위해 다른 방법을 찾아야만 했다. 그 새로운 미술이 인상파였다. 인상주의 이후 미술가들은 한편으로 주변의 현실을 과학적으로 철저하게 분석해 나갔고, 다른 한편으로는 자기 내부의 감정, 그리고 무의식의 세계로까지 미술의 세계를 넓혀 나갔다.

20세기의 빠르게 변화하는 환경 속에서 미술가들은 열심히 새로운 미술의 영역을 개척해 냈다. 20세기의 현대미술은 과거와 같이 현실을 실감 나게 재현하기 위해 필요했던 원근법이나 해부학, 명암법, 색채법 등을 버리고 그림 내부의 조형 원리를 중요시했다. 미술이 내부 조형의 세계로 눈을 돌리자 수만 년 동안 지속되어 온 사실주의 미술은 그 근본으로부터 허물어지기 시작했고, 새로운 미술들이 쏟아져 나오기 시작했다.

『동굴 낙서는 어떻게 미술이 되었을까?』는 이러한 수만 년 동안의 미술의 역사와 예술가의 삶, 그리고 작가가 만든 작품에 관한 이야기를 한 권에 읽을 수 있도록 정리한 책이다. 미술의 핵심적 이해를 돕기 위해 각 장의 끝에 작가와의 문답 코너를 마련했다. 이 책이 독자들에게 유구한 서양미술사를 즐겁고 쉽게 이해할 수 있는 계기가 되기를 바란다.

2018년 봄
박우찬

여는 글   4

원시 미술   Primitive Art
문명의 시작과 풍요의 기원
9

고대 미술   Ancient Art
문명의 발전과 미술의 탄생
17

중세 미술   Medieval Art
기독교 팽창과 예술의 발전
37

르네상스 미술   Renaissance Art
고전과 인간중심주의 부활
53

바로크 미술   Baroque Art
종교적 갈등과 근대의 여명
91

로코코 미술 Rococo Art

귀족사회 몰락과 쾌락의 미술

119

신고전주의 Neoclassicism

시민혁명과 혁신의 시대

135

낭만주의 Romanticism

근대사회의 시작과 인간에 대한 관심

149

사실주의 Realism

근대의 발전과 사실성 발견

173

인상주의 Impressionism

빛에 의한 주관적 인상

189

후기 인상주의 Post-Impressionism

질서와 내면으로의 집중

217

20세기 미술 20th Century Art

현대미술의 출현과 새로운 실험

241

원시 미술 Primitive Art

문명의 시작과 풍요의 기원

지금까지 알려진 가장 오래된 그림은
대략 기원전 3만 년에서 기원전 1만 년경 사이에
구석기 원시인이 동굴 벽면에 그린 것들이다.

미술은 마술이었다

구석기 원시인은 동굴 입구에 살면서 불과 간단한 도구를 사용했다. 그들은 아직 짐승을 사육할 줄도 땅을 경작할 줄도 몰랐다. 그래서 항상 배가 고팠다. 변변한 무기도 없는 데다 사냥은 생각보다 쉬운 일이 아니었다. 행여 사냥을 못하게 되는 날이면 꼼짝없이 컴컴한 동굴 속에서 온종일 굶주려야만 했다.

그러던 어느 날, 날씨가 안 좋아서 며칠 동안 사냥을 못한 탓에 동굴 안에서 굶주림으로 거의 사경을 헤매고 있을 때였다. 어찌 된 일인지 들소 한 마리가 컴컴한 동굴 구석에 웅크리고 있는 것이 아닌가. 원시인 무리는 벌떡 일어나 창을 집어 들었다. 그리고 있는 힘을 다해 들소의 목 주변을 찔렀다. 들소는 요란한 비명과 함께 피를 토하며 쓰러졌다. 그런데 이게 웬일인가? 잠시 후 원시인들은 자신들이 찌른 것이 들소가 아니라 울퉁불퉁한 동굴 벽면이었다는 것을 알게

<라스코 동굴Grotte de Lascaux 벽화〉, 기원전 1만 5000년경.

되었다. 너무나 배가 고픈 나머지 그렇게 보였던 것이다.

그런데 신기한 일이 일어났다. 그 사건이 있고 난 후, 실제로 밖으로 나가 사냥을 하는데 똑같은 상황이 벌어졌다. 그래서 그들은 벽에 들소를 그린 뒤 창으로 찔러 죽이면 실제 사냥에서도 들소를 만나 사냥할 수 있을 것이라고 생각하게 되었다. 이후 그들은 새로운 들소를 그려 넣고는 힘차게 창으로 찌르고, 그 위에 또 들소를 그리고 찌르기를 반복했다. 시간이 지나자 원시인들은 사람들이 접근하기 어려운 동굴 깊숙한 곳에 신성한 장소를 마련했다. 거기에 제단을 쌓아 그 앞에서 짐승의 가면을 쓰고 춤을 추거나 주술을 행했다. 먼 옛날 원시인들에게 미술은 짐승을 잡기 위해 행한 마술魔術이었다.

조상신은
무섭게 만들어야 해

　　시간이 지나자 원시인들은 더 이상 짐승을 쫓아 이리저리 떠돌아다니지 않고 한곳에서 오랫동안 살 수 있게 되었다. 곡식을 재배하고 가축을 사육한 덕분이었다. 그러나 대자연 속 원시인들은 아직 보잘것없는 존재에 불과했다. 그들은 변덕스러운 자연과 불쑥 찾아오는 죽음이 너무나 무서웠다. 부족의 안녕과 번영을 위해서는 조상신과 태양신의 도움이 절대적으로 필요했다. 그래서 조상신을 만들었는데, 그 모양이 꽤 무시무시하다. 무섭게 만들어야만 악령 퇴치에 효과가 있다고 믿었기 때문이다. 원시인들은 조상신뿐만 아니라 자신보다 힘이 세다고 생각되는 주변의 짐승이나 나무, 돌 등에도 영혼이 있다고 믿고 숭배했다. 이를 애니미즘Animism, 즉 정령신앙이라고 한다.

　원시인들은 태양 숭배와 관련된 수많은 기념물도 만들었다. 농경 생활을 하기 위해서는 언제 비가 올지, 언제 서리가 내릴지와 같은 변화무쌍한 자연의 운행 질서를 알아야만 했다. 그런데 이 반복되는 과정에서 놀라운 일이 벌어졌다. 오랫동안 자연을 관찰하면서 원시적이지만 추상적인 사고를 하기 시작한 것이다. 신석기 원시인들은 눈으로 보이지 않는 것까지도 알게 되었다.

원시 부족의 가면.

13

원시 미술

매일 밤, 외할아버지가 만들어 준 타임머신을 타고 미술 여행을 다니는 예솔이. 오늘은 원시 부족이 만든 조각상을 직접 눈으로 확인하러 떠난다.

예솔이 앗, 깜짝이야! 조각상이 마치 살아 있는 사람 같아요.

원시인 그럼, 살아 있지.

예솔이 살아 있다고요?

원시인 살아 있지 않으면 어떻게 귀신이나 역병을 막아 줄 수 있겠니?

예솔이 아니, 어떻게 조각이 살아 있을 수 있죠?

원시인 우리 원시인들에게 조각은 단순한 돌덩어리가 아니야. 이것들은 현실의 사람처럼 영혼을 지니고 있어.

예솔이 조각에게 영혼이 있다고요?

원시인   영혼이 없는 조각상은 우상이 아니지. 그건 인형에 불과해. 아이들이 가지고 노는 인형 말이야.

예솔이   동굴의 벽이나 천장에 그린 그림도 그런가요?

원시인   마찬가지야. 우리가 그린 짐승에 영혼이 없다면 뭐 하려고 힘들게 들소 그림을 창으로 찌르겠어. 그리고 그림에 영혼이 깃들지 않았다면 그 사냥은 반드시 실패하고 말 거야.

예솔이   어떻게 그림에 영혼을 불어넣을 수가 있죠?

원시인   우리에게 그림 그리기는 단순히 기술적인 일이 아니야, 이건 마술이야, 마술!

원시 부족의 수호자상.

예솔이는 가만히 원시인이 만든 그림과 조각상을 바라보았다. 원시인의 말을 듣고 난 후라 그런지 꼭 진짜처럼 느껴졌다. 마치 살아 숨 쉬는 것 같았다. 먼 옛날, 미술은 단순한 그림이나 돌덩어리가 아니었던 것이다. 그것들은 살아 있는 생명체처럼 영혼anima을 지니고 있었다.

16

고대 미술 Ancient Art

문명의 발전과 미술의 탄생

기원전 5000년경부터 이집트, 메소포타미아 등지에서
고도로 발달된 문명을 지닌 고대국가가 탄생했다.
이들은 각기 다른 종교와 문화를 바탕으로
독특한 고대 미술을 만들어 나갔다.

고대 이집트,
영원히 살고 싶다

이집트 미술 하면 가장 먼저 떠오르는 것이 피라미드Pyramid일 것이다. 광활한 모래벌판 위에 마치 인공 산처럼 우뚝 서 있는 피라미드는 고대 이집트의 왕인 파라오Pharaoh의 거대한 무덤이다. 고대 이집트인들은 유난히 삶에 대한 집착이 강했다. 그들은 영원히 살기를 원했다. 영원히 살기 위한 노력의 하나로 미라mummy를 만들었다. 이집트 사람들은 독특한 신앙을 믿고 있었다. 그들은 인간이 태어날 때 '카Ka'라고 하는 영혼도 함께 태어난다고 믿었다. 이집트인들은 인간이 죽은 후에도 육체가 파괴되거나 썩지 않으면 영혼인 카는 육체를 집으로 삼아 영원히 살아갈 수 있다고 믿었다. 이집트인에게 미라는 죽은 사람의 영혼이 살아갈 집이고, 피라미드는 이러한 미라를 보관하는 공간이었다. 그러므로 만약 카의

투탕카멘Tutankhamun 왕, 기원전 1340년경.

집인 시신이 훼손된다면 카는 영원히 육체로 되돌아오지 못하고 구천을 떠돌게 된다고 생각했다. 그래서 미라는 만들기도 잘해야 하지만, 보존에도 만전을 기해야 했다. 때문에 이집트인들은 미라의 보존 문제로 항상 불안해했다. 자신의 시신에 혹 이변이 생길 것을 두려워한 파라오나 귀족들은 돌이나 금속으로 조각상을 만들어 그 안에 미라를 안치했다.

이집트의 조각은 매우 사실적이다. 죽은 사람의 영혼이 그의 집인 육체를 잘 찾아오게 하려고 생전의 그와 닮게 만들기 때문이다. 그저 닮은 정도가 아니라 죽은 사람 그 자체로 만든다. 죽은 사람과 꼭 닮은 이집트의 조각들은 앉아 있든 서 있든 모두 정면을 바라보고 있다.

다음 조각을 보자. 왕과 왕비의 조각은 코에서 배꼽까지 일직선을 이루는데, 이를 '정면성의 법칙'이라고 부른다. 격렬한 몸짓으로 꿈틀거리는 헬레니즘Hellenism의 조각과 비교하면 이집트의 조각은 고요하다 못해 적막하기까지 하다. 이집트인들이 이렇게 조각을 만든 이유는 그들이 믿는 종교 때문이다.

이집트인들에게 중요한 것은 현실의 찰나적인 삶이 아니었다. 그들에게 중요한 것은 사후 세계에서의 영원한 삶이었다. 살아 있음이

〈라호테프 왕자와 그의 아내 네페르트Prince Rahotep and His Wife Nefert〉, 기원전 2500년경.

란 무엇인가? 살아 있다는 것의 특징은 끊임없이 움직이는 생동감이다. 그러나 이집트 미술은 살아 움직이는 생동감을 찬미하는 미술이 아니었다. 이집트 미술은 영원한 삶을 추구하는 미술이었다. 영원성을 추구하는 이집트 미술에서는 현실의 가장 큰 특징인 생동감이 전혀 의미가 없었다. 이집트인이 중요시한 영원성이란, 현실의 격렬한 움직임이 아니라 움직임이 거의 없는 부동不動의 몸짓이다. 이집트 조각상은 정면에서 보면 좌우대칭을 이룬다. 이집트 조각가들이 조각상을 좌우대칭으로 만든 이유 역시 종교 때문이다. 그들에게 영원성이란 움직임이 거의 없는 부동의 상태이고 좌우대칭이야말로 가장 움직임이 적은 자세이다.

**고대 이집트,
아는 대로 그린다**

　　　　　　　　　　이집트의 미술가들은 이집트의 부조(浮彫, 돋을새김)와 벽화를 보이는 대로 표현하지 않았다. 얼굴과 팔, 다리, 발은 측면에서 본 모습으로, 눈과 가슴은 정면에서 본 모습으로 조각하거나 그렸다. 측면과 정면에서 본 모습을 하나로 종합하여 표현한 것이다. 왜 이렇게 했을까? 대상을 묘사하는 실력이 부족했을까? 아니다. 이렇게 만든 이유 역시 자신들의 종교 때문이었다. 이집트 미술가의 임무는 사물을 보이는 그대로가 아닌, 가능한 한 완전하게 표현하는 것이었다.

고대 이집트의 부조 〈헤시라의 초상Portrait Panel of Hesy-ra〉을 보자. 만약 제3왕조 헤시라Hesy-ra를 원근법에 의해 보이는 대로 표현한다고 생각해 보자. 그러면 헤시라의 왼팔은 몸통에 가려 안 보이게 된다. 팔 하나를 가리는 것은 이집트인에게 있어 받아들일 수 없는 일이었다. 이집트인들은 팔 하나가 없는 불구의 모습으로 저세상에서 영원히 살아가는 것은 불가능하다고 생각했다. 저승에서 영원히 살아가려면 두 팔과 두 다리가 모두 성한 모습이어야 했다. 모든 것을 완전하게 표현해야만 하는 이집트 미술의 규칙

〈헤시라의 초상〉, 기원전 2600년경.

이 〈헤시라의 초상〉과 같은 작품을 만들어 낸 것이다. 이집트 미술가들은 이처럼 눈에 보이는 대로 표현하지 않았다.

고대 그리스,
미의 비밀을 찾아라

초기 그리스 미술은 이집트 미술을 그대로 본떠서 만들었다. 그러다 서서히 이집트와는 다른 방향으로 나

아갔다. 그리스인들은 아주 현실적인 사람들이었다. 그들은 자기 주변의 사물에 관심이 많았고 그것을 합리적으로 이해하려 했다. 그들은 영원한 삶이 아니라 현실에서의 생동하는 삶을 즐겼다. 그리스인들은 현실을 즐기고 사랑하며 거기에서 아름다움을 찾았다. 현실에 대한 사랑과 합리적인 정신은 후에 찬란한 그리스 미술 문화를 창조하는 원동력이 되었다.

그리스인들은 미의 비밀이 관찰 가능한 것이라고 굳게 믿었다. 이윽고 기원전 5세기 경, 그리스인들은 미의 비밀을 찾아내는 데 성공했다. 치밀한 관찰력과 합리적인 정신 덕분이었다. 그리스인들은 주변의 모든 사물을 관찰한 후 하나의 결론에 도달했다. 그리스인들은 자연의 모든 물체는 전체와 부분이 1:1.618을 이룰 때 가장 이상적이고 아름답다고 믿었다. 그들이 찾아낸 비례와 질서, 조화의 공식은 황금분할Golden Section이라는 이름을 갖게 되었다.

고대 그리스의 조각가였던 폴리클레이토스Polykleitos는 한 청년을 그리스 남성의 이상적인 모델로 정하고 미의 법칙을 연구했다. 그리고 하나의 결론에 도달했다. 머리가 신체의 7분의 1이 되었을 때 가장 아름답다는 것이다. 그는 이 인체의 비례를 '카논(Canon, 규범)'이라고 불렀다. 7등신의 카논은 거의 100여 년 동안 모든 그리스 미술이 지켜야만 하는 미의 규범이 되었다. 그로부터 1세기 후에 리시포스Lysippos라는 조각가가 나타나서는 새로운 카논을 만들어 냈는데, 리시포스의 카논은 머리가 신장과 비례해 8분의 1이 되는 법칙이었다. 이후 모든 그리스 조각의 표준형은 리시포스가 만든 8등신의 카

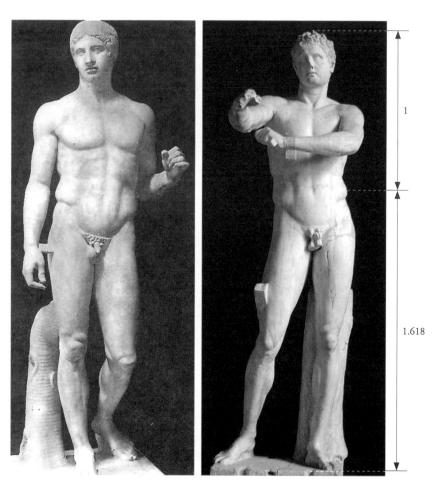

◀ 〈창을 든 남자Spear Bearer〉, 폴리클레이토스, 기원전 450년경.

▶ 〈때를 미는 남자Scraper〉, 리시포스, 기원전 330년경.

논이 되었다. 오늘날까지 미인의 선발에 영향을 미치고 있는 8등신의 신화는 바로 리시포스가 만든 8등신의 카논에서 비롯된 것이다. 7등신에서 8등신으로 바뀐 비례 법칙은 단순히 미의 취향 변화만을 의미하는 것이 아니었다. 거기에는 황금분할이라는 비례 법칙도 포함되어 있다. 황금분할이란 전체와 자른 부분의 관계가 $1:\sqrt{5}$의 비례를 이루는 법칙을 말하는데, 8등신에는 황금분할의 핵심인 $1:\sqrt{5}$의 비례가 담겨 있다. 이후 그리스의 조각, 공예, 신전 등은 모두 8등신의 카논이 적용되어 만들어지게 되었다.

고대 그리스,
아름답고 고상하게 그린다

그리스 미술의 특징은 보이는 대로 사실적으로 그린다는 것이다. 그림은 원래 보이는 대로 그리는 것이 아니냐고? 그렇지 않다. 그리스 이전의 미술은 대부분 관념에 의존해 그려졌다. 그러던 것이 철저한 관찰을 통해 완성된 그리스 미술로 넘어온 것이다.

〈헤라클레스와 네메아의 사자Heracles and the Nemean Lion〉를 보자. 이 그림은 천하장사 헤라클레스가 거대한 사자의 목을 조이는 장면이다. 헤라클레스의 눈에는 아직도 이집트 미술의 특징인 정면성의 원리가 남아 있다. 그러나 헤라클레스의 다리를 주목해 보라. 앞다리와 뒷다리 사이에 공간이 느껴진다. 원근법이 적용된 것이다. 과학적

〈헤라클레스와 네메아의 사자〉, 기원전 500년경.

이지는 않지만 단축법으로 처리된 헤라클레스의 다리에는 이전 그림과 다른 공간의 깊이가 생겨났다. 그리스인들이 회화적 표현에 눈을 뜬 것이다.

그리스인들은 관찰을 통해 미술품을 전보다 훨씬 사실적으로 완성하면서도 실제보다 아름답게 만들었다. 완전한 조화와 균형을 추구하는 이상적인 미美, 즉 이데아Idea를 표현했기 때문이다.

그 예가 바로 〈크니도스의 아프로디테Aphrodite of Knidos〉이다. 작가 프락시텔레스Praxiteles는 아름다움을 사랑한 그리스인들의 현실을 바탕으로 이 작품을 완성했다. 아름다움을 위해 그리스인들은 여신까지도 벌거벗은 모습으로 표현했다. 여신을 벌거벗겼다 하여 사회적 물의를 빚기도 하였으나 그리스인들은 신도 인간의 감정 표현을 위한 소재 정도로 취급했을 뿐이다.

〈크니도스의 아프로디테〉, 프락시텔레스, 기원전 330년경.

헬레니즘,
보이는 그대로 그린다

기원전 4세기경, 그리스 전 지역을 정복한 알렉산드로스 대왕Alexandros the Great은 페르시아, 이집트, 인도에 이르는 대제국을 건설했다. 그러면서 그는 그리스 문화를 제국의 각지에 전파했다. 그리스 문화는 여러 곳의 토착 문화와 섞여 헬레니즘이라는 국제적인 문화로 탄생되었는데, 이는 그리스 문화보다도 더욱 인간적인 문화였다.

그리스 미술은 아름답고 고상한 것만을 추구했다. 그러나 헬레니즘 미술은 인간이 사는 현실의 온갖 모습을 인간적 친근감을 가지고 표현했다. 헬레니즘 미술은 '보이는 대로 그린다'는 그리스 미술에서 한 걸음 더 나아가 현실의 생동감과 격정적인 감정까지도 표현해 냈다. 보다 인간적인 감정 표현에 충실한 것이다.

이 시대 최고의 걸작으로 〈라오콘 군상Laocoon and His Sons〉이 자주 거론된다. 이 작품은 큰 뱀에게 공격당해 막 질식사하려고 하는 라오콘과 두 아들의 고통과 절망을 표현하고 있다. 라오콘은 아폴론Apollon 신을 섬기는 트로이Troy의 제사관이었다. 그는 트로이 전쟁 때 그리스군의 목마를 트로이 성 안에 끌어들이는 것을 반대했다. 그 때문에 신의 노여움을 사 바다의 신 포세이돈Poseidon이 보낸 두 마리의 큰 뱀에 두 아들을 잃었다. 이를 표현한 〈라오콘 군상〉에는 조용한 그리스 조각과 달리 동작과 감정이 매우 격렬하게 드러나 있다. 그리스 미술이 궁극적으로 현실에 없는 이상미를 추구했다면 헬레니즘 미술

〈라오콘 군상〉, 기원전 150년경.

은 이처럼 고통, 절망, 허무, 고독 등 현실 세계의 인간적인 특징을
치열하게 표현해 냈다.

고대 로마,
전쟁과 영웅을 기념하라

그리스에 뒤이어 문화의 중심지로 등
장한 곳은 로마다. 로마는 수많은 전쟁을 통해 대제국을 건설한 나라
다. 싸움을 했다 하면 이겼던 로마는 자연스럽게 기념할 만한 사건과
영웅이 많았다. 이를 널리 알리고자 하는 취지에서 로마인은 다양한
기념물을 만들었다.

그리스 미술을 추종한 로마 미술
은 대개 그리스 미술을 그대로 모방
했다. 그러나 조화와 균형이라는 그
리스의 이상적인 미를 추구하지는
않았다. 로마의 미술은 역동적인 구
도를 주로 애용했다. 로마의 부조는
모양이나 형상을 나타내는 살이 매
우 두껍게 드러나는 고부조高浮彫로
제작된 관계로 빛과 그림자에 의한
날카로운 음영과 양감의 효과가 크
게 강조되었다. 로마인은 기념할 만

유대를 정복한 기념으로 만들어진 〈티투스 개선
문Arch of Titus〉(부분), 81년.

〈프리마 포르타의 아우구투스상Augustus of Prima Porta〉, 1세기경.

한 사건을 특히 강조해서 표현하기를 원했기 때문이다.

원래 로마인은 개인의 명예나 기념을 위해 미술품을 만드는 것을 좋아했다. 로마인의 이러한 성격은 특히 초상 조각에 잘 나타나 있다. 초기 로마인들은 그리스 조각을 받아들였으면서도 대상을 이상화하지는 않았다. 초기 로마의 조각가들은 특정 인물의 주름살 하나까지도 매우 사실적으로 표현했다. 그러나 영웅 중의 영웅, 즉 황제가 출현하면서 사정이 달라졌다. 황제란 누구인가? 말만 인간이지 그는 인간이 아니었다. 감히 범접할 수 없는 존재였다. 로마 최초의 황제인 아우구스투스Augustus의 조각상을 보면 이러한 세계관이 확연히 드러난다. 전통적인 초상 조각과 달리 매우 이상화된 모습이다. 황제의 권위와 권력을 표현하기 위해 미화와 과장이 개입된 것이다.

고대 미술

고대 그리스의 작품에 하나같이 미남과 미녀가 등장하는 것이 신기했던 예솔이는 오늘 밤, 진짜 그곳에 아름다운 이들이 많은지 직접 눈으로 확인하기 위해 타임머신에 오른다. 그리스에서 헤라클레아Heraclea 출신의 화가 제욱시스Zeuxis를 만난다. 그는 빛과 그림자를 합리적이고 효과적으로 사용한 대표적인 음영陰影 화가로 알려져 있다.

예솔이　그리스에는 미인이 많은 것 같아요.

제욱시스　왜 그렇게 생각하니?

예솔이　그림이나 조각에 나오는 여인들이 모두 여신 같던데요?

제욱시스　음, 그런 것은 아니고…….

예솔이　네? 아니라고요?

제욱시스　그리스인들은 비너스 같이 완전한 미인을 만들기를 원했지만, 안타깝게도 현실에서 그런 사람들을 찾기란 하늘의 별 따기였어. 아니, 애초부터 그런 사람은 세상에 없었을지도 몰라.

예솔이 그럼, 저 비너스상은 어떻게 만들었죠? 모델이 있었을 것 같아요.

제욱시스 우리 그리스인들은 비너스상을 만들 때 많은 고민을 했지. 어떻게 완전한 미의 여신인 비너스를 만들까 하고 말이야. 비너스를 만들려고 미녀를 찾아 전국을 돌아다녔어. 온 그리스를 헤매고 다녔지만 내가 원하는 미인은 찾을 수가 없었어. 원래 그런 여인은 세상에 없었으니까.

예솔이 그럼 어떻게 저 아름다운 비너스를 만들 수 있었어요?

제욱시스 그래서 새로운 방법을 생각해 냈지. 우선 아테네에서 가장 아름답다고 소문난 여인들을 불러 모았어.

예솔이 그래서요?

제욱시스 그리고 각각의 여인들에게서 이상적인 아름다움을 뽑아 미의 여신을 만들어 냈어. 그게 바로 비너스야.

예솔이 그럼 원래부터 비너스는 없었던 거네요?

제욱시스 그래, 현실에 완벽한 미美라는 것은 없어. 우리 그리스인들은 완벽한 미를 표현하기 위해 황금분할이라는 법칙을 발견했고, 그 법칙을 이용해 아름다운 조각이나 건축을 만들었어.

예솔이 앗, 그럼 그리스 미인은 합성 미인인 셈이네요?

제욱시스 ……

고대 그리스인들은 그림이나 조각이 사실적이라는 정도로는 만족

〈밀로의 비너스Venus de Milo〉, 기원전 2세기.

하지 못했다. 그들은 이상적 아름다움까지 담아내고 싶어 했다. 그래서 황금분할이라는 미의 법칙을 찾아낸 것이다. 예솔이는 그리스의 그림이나 조각, 건축 등이 왜 사실적이면서도 아름다운지 그 비밀을 이해할 수 있을 것 같았다.

중세 미술 Medieval Art

기독교 팽창과 예술의 발전

중세의 미술은 형식적인 미를 추구하기에 앞서 하느님의 권위에
봉사하고 그의 말씀을 설명하는 도구였다. 중세 미술은 문맹자였던
신도들에게 일종의 그림으로 된 성경책 역할을 했다.

그림으로 설교하다

4세기, 기독교는 로마의 국교로 공인된다. 로마인들에게 온갖 박해를 당했으나, 기독교는 신앙으로 로마에 승리를 거둔 것이다. 교회가 세상의 주인이 되었지만 교회의 눈에 비친 세상은 야만족, 이교도, 비신자 들로 들끓는 악의 소굴이었다. 이처럼 교회 밖도 문제였지만 교회 내부에도 적지 않은 문제가 있었다. 신도들은 말만 신도였지 강력한 외부의 유혹이 있다면 언제든지 교회를 이탈할 수 있을 정도로 신앙적인 기반이 약한 사람이 많았다. 또한 그들은 아무리 설명해도 교리를 잘 이해하지 못했다. 성경을 읽는 것은 꿈도 못 꾸었다. 하느님의 나라를 건설해 나갈 일이 첩첩산중이었다.

교회의 지도자들은 우선 암흑의 세력과 싸워 나갈 강력한 전투 기지가 필요했다. 그래서 교회를 전투 기지로 만들었다. 악의 세력과

〈최후의 심판 The Last Judgment〉(부분), 생 라자르 대성당, 1130~1145년경.

싸우기 위해서는 정신적인 무장과 교리 교육이 무엇보다도 필요했는데, 대부분 문맹자였던 중세 사람들에게 미술은 아주 유용한 도구였다. 그들에게 미술은 그림으로 된 성경책이었다. 교회의 지도자들은 신자들에게 교리를 가르치고 정신적으로 각성시키기 위해 교회 건물 곳곳에 미술품을 장식하기 시작했다.

중세 미술은 오로지 하느님의 집인 교회 건축을 위해 존재했다. 교회의 내부는 프레스코(fresco, 석회를 바른 벽이 채 마르기 전에 그리는 화법)와 모자이크로 장식되고, 교회 건축물의 여러 공간에는 조각들이 배치되었다. 특히 로마네스크Romanesque 교회의 윗부분에는 팀파눔(tympanum, 고전 건축의 출입구 위쪽에 얹힌 아치로 둘러싸인 석조물)이라는 반원형의 구조물을 배치했다. 팀파눔이 상징하는 것은 천상, 즉 하늘이었다. 교회는 이 반원 속에 주로 최후의 심판이나 묵시론적 환상 세계 또는 성서의 이야기를 새겨 넣어, 신도들로 하여금 늘 신앙적으로 각성하게 했다.

**그림을 보기 전에
성경을 먼저 알아라**

초기 기독교 미술가들은 예수를 비롯한 성경의 이야기를 직접적으로 그릴 수가 없었다. '우상을 섬기지 말라'는 십계명 때문이었다. 그러나 신도들은 기독교 신앙을 그림으로 표현하고 예수님의 모습을 직접 눈으로 보기를 원했다. 교회는 소박한 신도들의 소망을 끝까지 억누를 수 없었다. 그래서 부분적이나마 기독교 신앙을 그림으로 표현하는 것을 허용하게 되었다. 물론 하느님과 예수님은 표현하지 못하게 했다. 대신 성경에 나와 있는 어린 양이나 물고기, 비둘기 등의 기독교 상징들을 이용해 기독교의 관념을 그리게 했고, 후에는 성서의 내용을 그리는 것까지 허용하게 되었다. 이는 앞서 이야기한 문맹 때문이었다. 중세 시대에는 대부분의 사람이 읽고 쓸 줄을 몰랐다. 심지어는 글을 모르는 왕도 있었다. 미술은 하느님의 권위에 봉사하고 하느님의 말씀을 설명하는 데 있어 없어서는 안 될 도구가 되었다.

기독교는 현실 지향적인 그리스, 로마와는 근본적으로 다른 문화를 지향했다. 기독교는 육체보다는 정신을, 세속적인 것보다는 초월성을 강조하는 종교였다. 기독교 미술은 그리스·로마 미술과 달리 감각적으로 인체를 표현하는 데는 전혀 관심이 없었다. 중세의 미술가들은 필요한 내용을 정확히 전달하는 일에만 관심이 있었다. 중세 기독교 미술의 가장 중요한 기능은 기독교 교훈을 전달하는 일, 즉 설교였다. 중세에는 인물을 똑같이 그리는 초상화라는 분야는 존재하지 않았다. 왕이면 왕관을, 주교면 주교홀 같은 것을 그려 넣어, 보는 사람이 실수하지 않도록 배려했다. 중세의 미술가들은 도제 제도를 통해 그림 표본을 따라 그리며 다양한 장면을 묘사하는 방법을 배웠다. 그들은 표본을 보고 그리고자 하는 것들을 어렵지 않게 그릴 수 있었다.

중세 미술을 제대로 이해하기 위해서 그림을 보는 사람은 처음부터 작품의 내용이 무엇인지 알고 있어야만 했다. 카타콤(Catacomb, 초

〈선한 목자〉, 3세기경.

기 기독교의 지하 묘지) 천장에 그려진 〈선한 목자The Good Shepherd〉의 경우도 그러하다. 이 그림을 이해하려면 아흔아홉 마리의 양을 남겨 두고 방황하는 한 마리의 어린 양을 찾아낸 어진 양치기의 이야기를 알고 있어야만 했다.

느낀 대로 그린다

5세기 후반, 게르만족에 의해 로마가 멸망하자 유럽은 오랫동안 침체의 늪에 빠졌다. 흔히 중세의 암흑시대란, 로마 멸망 시기부터 카롤링거 왕조Les Carolingiens의 문예부흥 때까지 약 300여 년간의 시기를 말한다. 암흑 시기에도 고대의 문화와 기독교 정신을 굳건하게 지켜 나간 곳이 있었는데, 사람들이 함께 모여 공동 신앙생활을 하던 수도원이었다. 중세 수도원은 종교 생활만 하던 곳이 아니었다. 당시의 수도원은 신앙생활뿐만 아니라 교육, 문화, 예술에 대한 교류도 이루어지는 곳이었다. 이 시기의 수도원은 한마디로 문화의 중심지였다. 수도사들은 성직자이자 교사였으며, 동시에 예술가였다. 중세 초기에 채색 사본을 그렸던 화가들이 바로 수도사들이다.

수도사 화가는 종교적 감동으로 손과 옷이 심하게 떨리고 있는 성인을 〈성 마태St. Matthew〉를 통해 표현했다. 그러나 일반인의 눈에는 꽤 어색해 보인다. 전문 화가가 아닌 수도사가 그려서 다소 미숙한 점도 있지만, 〈성 마태〉를 그린 이에게 중요한 것은 사물을 사실적으로 그리는 일이 아니었다. 그에게 중요한 것은 성인이 체험한 종교적 감동을 표현하는 일이었다. 신의 계시를 받아 적는 순간, 성인의 감동을 생생하게 그려 냈다.

이집트인들은 아는 대로 그렸다. 그리스인들은 보이는 대로 그렸다. 이에 반해 중세 미술가들은 느끼는 대로 그렸다. 중세의 미술가들은 그리스 미술가들과 달리 사물을 사실적으로 묘사하는 일에 관심이 없었다. 그들은 성서의 내용과 의미, 그리고 그 느낌을 감동적으로 전달하고자 했다. 그들에게 시시각각 변화하는 외부의 현실이란 언제나 덧없고 순간적인 것이었다. 중세 미술가들은 변치 않는 신의 정신을 마음으로 느끼고 표현하는 일을 중요하게 여겼다.

〈성 마태〉, 830년경.

미술을 파괴하라

교회 내에서 미술 문제는 언제 터질지 모르는 시한폭탄 같은 존재였다. '우상을 섬기지 말라'는 기독교 교리 때문이었다. 초기 교회는 신도들의 소망을 들어주고 기독교를 전파하기 위해서 조각과 그림을 만드는 것을 허용했다. 그러나 기독교 원칙주의자들은 그것이 늘 불만이었다. 728년 비잔틴 제국에서 드디어 일이 터지고 말았다. 교황 레오 3세Pope Leo III의 주도하에 우상파괴운동Iconoclasm이 일어난 것이다. 때문에 약 1세기 동안 벽화들은 지워지고 조각들은 부서지는 등 미술품은 철저히 파괴당했다.

1세기가 지나 예배 의식을 위해 미술이 다시 부분적으로 사용되기 시작했다. 미술이 신에 대한 경배심을 드높일 수 있다고 인정된 것이다. 성상 옹호론자들은 미술이 쓸모가 있을 뿐만 아니라 신성하다고 주장했다. 그들은 미술품 속에는 신의 의지가 담겨 있고, 자신들은 미술품을 숭배하는 것이 아니라 그 속에 있는 하느님을 숭배하는 것이라고 주장했다.

천상의 세계를 찬양하라

13세기 말, 교회는 지상에서 완전한 승리를 거두게 된다. 이제 지상에서는 교회와 대적할 만한 악의 세력은 소멸되어 교회와 싸울 상대가 없어진다. 그러자 전투 기지 같던 교회 내부에도 변화가 왔다. 육중하고 어두컴컴했던 교회의 내부가

〈그리스도상을 지우고 있는 우상파괴론자들Byzantine Iconoclasm〉, 900년경.

밝고 경쾌한 하느님의 나라로 건설된다. 지상에 천상의 세계가 구축
된 것이다.

교회가 완전히 승리하자 중후한 교회 내부 벽은 제거되었다. 그 대
신 높고 넓은 창을 만들어 스테인드글라스stained glass라는 단순한 선
과 색면으로 장식된 유리판 그림으로 채웠다. 금속 산화물이 착색된
색유리는 빛의 투과에 따라 신비로운 색조를 드러내며 성당 내부의
분위기를 완성했다. 스테인드글라스로 둘러싸인 고딕 성당Gothic Ca-
thedral의 내부는 환상의 세계 그 자체였다. 성당 내부에 만들어진 환
상의 공간은 바로 지상에 건립된 하느님의 집이었다. 이 시기 그림과
조각도 묵시록적 환상의 세계 같은 격한 표현을 버리고 인간적인 모
습으로 바뀌어 나가기 시작했다.

〈예수의 승천Ascension of Christ〉, 르망 대성당Saint Julian's Cathedral, 1134~1158년.

직업 화가가 아닌 수도사가 그린 그림은 어떤지 보고 싶었던 예솔이. '혹시 엄청나게 더 잘 그렸을까? 어쩌면 내 동생처럼 엉망으로 그렸을지도 몰라.' 타임머신에서 내리자 눈앞에 펼쳐진 그림에 깜짝 놀라고 만다.

예솔이　헉, 정말 못 그렸다. 내 동생보다 심한데?

수도사 화가　뭐야, 지금 흉보는 거야?

예솔이　미술이 전 시대에 비해 왜 이렇게 퇴보했죠?

수도사 화가　퇴보한 게 아니야. 중세 미술은 고대 미술과 목적이 다르기 때문에 이렇게 그려진 거야.

예솔이　그림의 목적이 다르다고요?

수도사 화가　그래. 중세 미술가는 사실적으로 그리는 일에는 큰 관심이 없어.

〈에덴에서의 추방Expulsion from the Garden of Eden〉, 1130년경.

예솔이   그럼 어디에 관심이 있는 거예요?

수도사 화가   중세 미술가에게는 눈에 보이지 않는 신성이나 감동을 표현하는 것이 더 중요해. 또한 하느님의 말씀이나 성경의 이야기를 실수 없이 전달해야 하는 임무도 있고. 너는 저 그림이 무엇을 그린 건지 알겠니?

예솔이   아담과 이브가 사과를 따 먹다 에덴동산에서 쫓겨나는 모습 아니에요?

수도사 화가   빙고. 바로 그거야. 중세 미술에서는 무엇을 그렸는지 확인할 수만 있으면 돼. 조화나 비례, 역동성 같은 것은 우리의 관심사가 아니니까.

예술이   에이, 미술 실력이 부족한 건 아니고요?

수도사 화가 물론 그런 면도 있지. 우린 미술을 배운 적이 없으니까.

예술이   아예 배운 적이 없다고요?

수도사 화가 우리는 화가가 아니라 종교에 헌신하기로 한 수도사야. 성
직자라고. 우리에게는 예술 활동보다 사람들에게 하나님의
말씀을 그림으로 정확하게 전달하는 게 중요해. 미술의 역
할이란 그 이상도 그 이하도 아니야.

예술이는 왜 중세 미술이 이렇게 그려졌는지 비로소 이해할 수 있
었다. 그저 그림 속 왕은 왕관을 쓰고 있고 주교는 주교홀 같은 것을
들어, 보는 사람이 올바르게 알아볼 수 있으면 그만이었던 것이다.
중세의 미술가들은 다양한 장면을 표본으로 익혔다. 그 표본 덕분에
그리고자 하는 것들을 어렵지 않게 그릴 수 있었다.

르네상스 미술 Renaissance Art

고전과 인간중심주의 부활

15세기 이탈리아의 르네상스Renaissance는
중세와는 전혀 다른 새로운 세계를 목표로 했다.
새로운 세계란 인간의, 인간에 의한, 인간을 위한 세계였다.

그리스·로마 미술을 부활하라

　　　　　로마가 멸망한 지 천여 년이 지난 15세기, 이탈리아 사람들은 자신들이 위대한 고대 로마의 후손이라는 자각을 하기 시작했다. 그들은 과거 로마가 세계의 중심이었는데, 게르만족의 침입과 약탈로 인해 로마의 영광이 퇴색됐다고 생각했다. 이탈리아 사람들은 영광된 과거의 로마를 부활시키면 새로운 시대가 올 것이라고 믿었다.

　15세기 이탈리아의 르네상스인들은 중세와는 전혀 다른 새로운 세계를 지향했다. 새로운 세계란 인간의, 인간에 의한, 인간을 위한 세계였다. 정신적으로는 여전히 기독교가 세상을 지배하고 있었지만, 르네상스인들의 눈은 하늘이 아닌 땅, 즉 인간 세상을 향하고 있었다. 15세기 르네상스인들이 그리스, 로마의 문화에서 찾으려 했던 것은 완전한 조화harmony와 휴머니즘(Humanism, 인간주의·인본주의)이었다.

내가 세상의 중심이다

르네상스 양식이라는 새로운 경향의 미술을 확립한 사람은 건축가 필리포 브루넬레스키Filippo Brunelleschi였다. 그의 위대한 업적은 원근법遠近法의 발명이었다. 브루넬레스키가 발명한 원근법은 단순히 거리가 멀어짐에 따라 크기가 작아지는 경험적 원근법이 아니었다. 그것은 거리가 멀어짐에 따라 중앙의 소실점으로 모든 선이 모이는 수학이었다.

원근법이란 '나'라는 주체가 '사물'이라는 객체를 수학적으로 파악하는 방법이다. 원근법의 발명으로 르네상스인들은 사물을 객관적으로 관찰하게 되었다. 이전에는 객관적인 관찰이란 없었다. 나라는 존재가 세상에 없었기 때문이다. 모든 것은 신이 결정했다. 그런데 원근법의 발명으로 신의 눈이 아닌 인간의 눈으로 세상을 보기 시작했다. 원근법이 등장한 후 화가들은 이 놀라운 방법을 이용해 그림을 그려 나갔다. 원근법의 영향은 실로 엄청난 것이었다. 당시 유명한 미학자였던 레온 바티스타 알베르티Leon Battista Alberti는 "원근법을 모르면 그림을 그리지 말라!" 하고 말했을 정도다.

원근법으로 새로운 미술의 문을 연 화가는 마사초Masaccio였다. 마사초는 28세의 젊은 나이에 요절해 많은 그림을 남기지는 못했지만 브루넬레스키가 개발한 원근법을 최초로 그림에 도입해 15세기 르네상스 미술의 발전에 혁신적인 기여를 했다. 마사초가 이를 적용해 제작한 최초의 작품은 〈성 삼위일체The Trinity〉였다. 〈성 삼위일체〉에는 십자가에 못 박힌 그리스도를 중심으로 위에는 하나님, 그리스도의

〈성 삼위일체〉, 마사초, 1427년경.

양옆에는 성모 마리아와 사도 성 요한, 그리고 아래에는 이 그림을 교회에 봉헌한 신자들이 그려져 있다. 십자가에 못 박힌 예수의 뒤로 끝없이 공간이 펼쳐지고, 두 팔을 벌려 그리스도를 부축하고 있는 하나님은 마치 공간 속에 실재하는 듯한 착각을 불러일으킬 만큼 사실적이다. 당시 피렌체 사람들은 마사초의 그림을 보고 커다란 충격을 받았는데, 그림 속의 인물들이 마치 현실 속 인물들 같이 살아 숨 쉬는 듯이 보였기 때문이다.

마사초는 '칠칠맞지 못한 톰'이라는 별명을 얻었는데, 그것은 그가 그림 그리는 일 이외에는 다른 것에 일체 신경을 쓰지 않았기 때문이었다. 16세기의 예술사史가 조르조 바사리Giorgio Vasari는 '마사초는 자신의 작업에 너무나 몰두하여 세속적인 문제는 물론이고 심지어는 옷을 입는 방식까지도 신경을 쓰지 않았'라고 기록했다. 그런 집중과 열정이 그를 르네상스라는 새로운 미술의 선구자로 만들었던 것이다.

원근법은
얼마나 매력적인가

파올로 우첼로Paolo Uccello는 초기 르네상스 미술의 발전에 크게 기여한 미술가였다. 베니스에서 모자이크 아티스트로 활동하던 그는 피렌체로 돌아와 마사초의 영향으로 급변한 피렌체 미술을 보고는 원근법의 하나인 선원근법의 연구에 몰두했다. 그 결과가 은행가이자 문화 예술 후원자인 코시모 메

〈산 로마노 전투〉, 파올로 우첼로, 1440년.

디치Cosimo Medici로부터 의뢰받은 대표작 〈산 로마노 전투The Battle of San Romano〉이다. 이는 1432년 이탈리아의 상업 패권을 놓고 벌인 피렌체와 시에나의 전쟁에서 피렌체가 승리한 것을 기념하기 위해 그린 작품이다. 이 그림을 그릴 당시 우첼로는 투시도법에 따라 시선과 평행한 직선이 수평선 위의 한 점, 즉 소실점에 모이는 선원근법의 연구에 몰두해 먹고 자는 것뿐 아니라 아내조차 잊을 정도였다고 한다. 우첼로는 원근법 연습에 너무나 정신이 팔려 잠자리에 들자는 아내를 거들떠보지도 않고 "원근법은 얼마나 매력적인가!"라며 소리쳤다고 한다.

또 다른 미술가인 안드레아 만테냐Andrea Mantegna는 초기 피렌체

〈동산에서의 고뇌〉, 안드레아 만테냐, 1459년경.

르네상스 미술의 정신을 북이탈리아에 전파한 작가이다. 후에 그는
베니스 화파의 색채 기법을 터득해 북유럽 르네상스 미술에까지 커
다란 영향을 끼치기도 했다. 만테냐는 단순히 선원근법을 적용하는
데 만족하지 못했다. 만테냐는 종종 정상적인 시각보다는 올려다보
는 시각을 선택해 극적인 장면을 연출했는데, 그 예가 〈동산에서의
고뇌The Agony in the Garden〉이다. 그림에서 예수는 자신의 최후가 다가
옴을 알고 겟세마네Gethsemane 동산에서 기도하고 있다. 멀리 유다가
군사들을 데리고 예수를 체포하러 오고 있고, 제자들은 태평하게 바

닥에 누워 쿨쿨 잠을 자고 있다. 만테냐는 올려다보는 각도를 이용해 최후의 순간에 임박한 예수의 고통을 극적으로 표현했다. 그림 오른쪽의 죽은 나무와 독수리도 예수의 임박한 죽음을 상징한다.

생명을 불어넣어라

르네상스 미술의 목표는 고대 그리스, 로마의 재발견이었다. 단순한 고대의 모방을 넘어 사실주의를 바탕으로 박진감 넘치는 현실을 표현하고 싶었다. 마사초가 사실감 넘치는 공간을 표현해 내는 데는 성공했지만, 마사초의 인물들은 나무 조각처럼 부자연스럽고 생명감이 부족해 보인다. 반면 르네상스 조각의 개척자 도나텔로Donatello의 〈가타멜라타 기마상Monumento equestreal Gattamelata〉은 활력과 긴장으로 가득

차 있다. 그의 조각은 마치 살아 있는 사람처럼 눈과 손이 꿈틀거리는 듯하고 핏기 없는 그리스, 로마의 조각과 달리 발랄한 생명감을 지니고 있다. 이 생명감이 르네상스 조각의 새로움이었다. 꿈틀거리는 눈과 손, 즉 살아 있는 육체는 르네상스가 발견한 새로운 미

〈가타멜라타 기마상〉, 도나텔로, 1453년.

<처형장으로 향하는 성 야고보>의 스케치.

술이었다. 도나텔로가 박진감 넘치는 인체를 표현할 수 있었던 것은 해부학적 지식 덕분이었다.

　만테냐의 〈처형장으로 향하는 성 야고보St. James Led to His Execution〉를 보자. 성 야고보가 기적을 행하는 순간, 이에 감동한 사람들이 그에게 접근하고 당황한 로마 병사들은 이를 말리는 장면이다. 이 작품의 스케치를 보면 만테냐와 르네상스 미술가들이 얼마나 해부학에 정통해 있었는지 잘 알 수 있다. 르네상스 미술가들은 완벽한 신체를 표현하기 위해 인체의 움직임을 면밀히 연구했다. 그래서 해부학에 맞게 인체를 그렸다. 그리고 나서 사건이 벌어진 시대에 맞게 의복과 칼, 투구 등을 그려 넣었다.

〈처형장으로 향하는 성 야고보〉, 안드레아 만테냐, 1455년.

아름답게 그린다

초기 르네상스 미술의 대표 화가 산드로 보티첼리Sandro Botticelli는 유려한 곡선과 일정한 양식의 표현을 바탕으로 시적인 예술 세계를 구축했다. 보티첼리는 자신의 독자적인 예술 세계를 위해 종종 르네상스 미술의 대원칙인 원근법과 해부학을 무시하기도 했다.

그의 대표작 〈비너스의 탄생The Birth of Venus〉이 그런 예이다. 그림 속 미의 여신 비너스는 푸른 바다의 거품으로부터 태어나 진주조개를 타고 수줍은 듯한 표정을 지으며 바다 위에 서 있다. 그림 왼쪽에는 서풍의 신 제피로스Zephyros와 그의 연인 클로리스Chloris가 그려져 있는데, 제피로스는 비너스를 향해 바람을 일으켜 그녀를 해안으로 향하게 하고 있다. 오른쪽의 키프로스섬의 해안에서는 계절의 여신 호라이Horae가 외투를 들고 비너스를 맞이하고 있다. 보티첼리의 비너스는 목이 비정상적으로 길고, 어깨가 심하게 처져 있으며, 왼쪽 팔이 이상하게 붙어 있는 등 해부학적으로 맞지가 않는다. 그럼에도 불구하고 이 그림은 너무나 아름답다는 평가를 받는다.

만약 보티첼리가 철저히 해부학적 원리를 적용해 그렸다면 이와 같이 만족스러운 인체의 선을 만들어 내지 못했을 것이다. 보티첼리는 현실의 법칙이 아닌 화면의 법칙에 따라 그림을 그렸던 것이다.

〈비너스의 탄생〉, 산드로 보티첼리, 1485년경.

예술은 과학이다

레오나르도 다 빈치Leonardo da Vinci는 늘 "미술은 단순한 육체노동이 아니라 과학이다!"라고 주장했다. 그는 그림을 과학적 토대 위에 올려놓고자 했다. 미술가는 품위 있는 정신노동자라고 굳게 믿었지만, 당시 사회적 인습은 그렇지가 못했다. 사람들은 미술가를 솜씨 좋은 기능인 이상으로 취급하지 않았다. 다 빈치는 당시의 그런 인식을 바꾸려고 노력했다. 미술이 과학이라는 것을 증명하기 위해 해부학, 원근법, 색채학, 역학 등을 열심히 연구했고, 르네상스 사실주의를 집대성해 르네상스의 미술의 수준을 한 차원 높여 놓았다.

그 대표작이 바로 다 빈치의 〈최후의 만찬The Last Supper〉이다. 그리스도가 죽기 전날, 열두 제자와 함께 마지막 만찬을 나누었던 성경의 한 구절을 실감 나게 나타낸 작품이다. "내가 진실로 너희에게 이르노니 너희 중 하나가 나를 팔리라" 하고 그리스도가 말하자, 제자들이 "주여, 누구니이까?" 하면서 반문하는 장면이다. 후에 예수의 예언처럼 그를 배반한 유다가 양심에 찔려 뒤로 몸을 움츠리고 있고, 다른 제자들은 자신들의 결백을 주장하고 있다.

또 다른 작품을 보자. 미술을 잘 모르는 사람도 미술을 이야기할 때 으레 입에 올리는 작품이 다 빈치의 〈모나리자Mona Lisa〉이다. 루브르 박물관에 방탄유리로 보관되어 있는 〈모나리자〉는 너무나 유명해서, 미술관을 방문한 사람이면 너 나 할 것 없이 이 그림 앞에서 사진을 찍고 싶어 한다. 〈모나리자〉가 유명한 이유는 마치 살아 있는

<최후의 만찬>, 레오나르도 다 빈치, 1493~1497년.

사람처럼, 볼 때마다 모나리자의 표정이 바뀌기 때문이다. <모나리자>를 보고 온 사람들은 미소를 띠고 있는 그녀가 단순한 그림 속 인물이 아니라 마치 살아 있는 사람이라는 착각을 불러일으킬 정도라고 한다.

과학자이기도 했던 다 빈치는 공기원근법에 정통해 있었다. 공기원근법이란, 대상의 명암이나 색채를 중시해, 색채의 강약이나 명암의 톤에 의지해 표현하는 방법이다. 이 원리를 <모나리자>에 적용했으며, 그는 이 방법을 특별히 스푸마토Sfumato라고 불렀다. 스푸마토란, '연기처럼 사라지다'라는 뜻의 이탈리아어다. 굴뚝을 통해 나온 연기는 얼마 후 공기 속으로 퍼져 나가면서 연기와 공기의 경계가 모호해진다. 이 원리가 바로 스푸마토의 핵심이다. 사실 자연에는 선이

〈모나리자〉, 레오나르도 다 빈치, 1503~1505년경.

그림 속 초상에는 눈썹이 없는데, 그것은 당시 넓은 이마가 미인의 조건으로 여겨져 여성들 사이에 눈썹을 뽑아 버리는 일이 유행이었기 때문이다.

존재하지 않는다. 단지 인간이 물체와 물체 사이를 명확하게 구별하기 위해 관습적으로 선을 그리는 것이다. 다 빈치는 다른 화가들과는 달리 물체와 물체의 경계를 이루는 윤곽을 선으로 그리지 않았다. 대신에 스푸마토 원리를 이용해 물체와 물체 사이의 경계를 흐릿하게 문질러 처리했다. 스푸마토로 처리한 결과 빛이 비추는 각도나 강약에 따라 모나리자의 눈과 입술의 윤곽선 위치가 달라지게 되었다. 그림을 볼 때의 상황과 보는 사람의 감정 상태에 따라 모나리자의 얼굴은 수시로 바뀌게 되는데, 다 빈치는 보는 사람으로 하여금 그의 머릿속에서 윤곽선을 그리도록 했던 것이다.

완전한 미는
제 머릿속에 있지요

르네상스 고전 미술의 완성자로 자주 거론되는 사람은 산치오 라파엘로Sanzio Raffaello이다. 그는 레오나르도 다 빈치, 미켈란젤로 부오나로티Michelangelo Buonarroti와 함께 르네상스의 3대 화가로 불리는 미술가이다. 라파엘로는 다 빈치와 미켈란젤로의 장점을 열심히 연구해 마침내 조화와 균형이라는 르네상스의 이상미를 만들어 내는 데 성공했다. 이렇게 그린 작품이 〈갈라테아의 승리The nymph Galatea〉이다. 이 그림을 본 어느 귀족은 라파엘로에게 "대체 이런 아름다운 모델을 어디서 찾았습니까. 제게도 소개시켜 주십시오!"라고 했다. 이 말을 들은 라파엘로는 빙긋이 웃으면서

〈갈라테아의 승리〉, 산치오 라파엘로, 1511년.

"아! 그 아가씨요. 그 아가씨는 제 마음속에 있습니다!"라고 대답했다고 한다. 라파엘로는 왜 그런 말을 했을까? 르네상스라는 말에 해답이 있다. 르네상스는 '부활'이란 의미이다. 무엇을 부활시키는 것일까? 바로 고대 그리스, 로마의 미술이다. 고대 그리스는 황금분할이라는 비례에서 이상적인 아름다움을 찾았다. 그런데 황금분할이라는 완전한 비례는 지상에 존재하지 않는다. 세상은 완전하지 못하기 때문이다. 그리스 미술가들은 현실의 불완전한 것을 자기 머릿속에서 완전하게 만들었다. 이탈리아 르네상스가 추구한 것도 바로 이상미, 즉 완전한 미였다. 그러기 위해서 현실을 보이는 것보다 아름답게 미화해야 했다. 그리스나 르네상스 미술에 유난히 선남선녀가 많이 등장하는 것은 이러한 이유 때문이다. 그들은 현실을 있는 그대로가 아니라 미화하여 그렸던 것이다.

라파엘로는 특히 성모 마리아가 예수를 안고 있는 장면을 표현하는 성모자상으로 유명했는데, 그의 〈초원의 성모Madonna in the Meadow〉는 조화와 균형을 특징으로 하는 전성기 르네상스 미술의 전형을 보여 주는 작품이다. 라파엘로의 성모자상은 지금까지도 교회부터 일반인에 이르기까지 모든 사람들이 좋아하는 그림이다.

색채와 형태는 하나이다

중세부터 동방 제국과 활발한 무역 활동을 했던 베네치아는 일찍부터 비잔틴 제국의 영향을 받아 동방의

〈초원의 성모〉, 산치오 라파엘로, 1505~1506년경.

환상적인 황금 색조와 북이탈리아의 현실적 화풍을 결합해 독특한 미술 양식을 구축했다. 여기에 피렌체의 영향을 받으면서 더욱 화려한 색채의 베네치아 화풍을 만들어 냈다. 베네치아의 회화는 르네상스라는 새로운 기운과 도시의 유복함을 배경으로 밝고 개방적이며 화려하고 세속적이었다.

16세기 로마에서 다 빈치, 미켈란젤로, 라파엘로가 명성을 날리고 있을 때 부유한 상업 도시 베네치아에서도 조르조네Giorgione, 베첼리오 티치아노Vecellio Tiziano 등의 대가가 등장했다. 베네치아 르네상스 미술의 개척자는 조르조네이다. 그는 젊은 나이에 세상을 떠나 많은 작품을 남기지는 못했지만 원근법의 발명에 맞먹는 회화의 새로운 영역을 개척했다. 그것은 바로 빛나는 색채였다.

조르조네의 대표작 〈폭풍우Tempest〉는 잔뜩 비를 머금은 검은 구름 속에서 번개가 치고 곧 폭풍우가 몰려올 것 같지만, 화려한 색채로 인해 음울한 기운은 전혀 느껴지지 않는다. 그는 피렌체 화가들처럼 데생 따로, 채색 따로 하지 않았다. 화면에서 데생과 채색을 동시에 해 나갔다. 폭풍우가 몰려오는 특별한 순간이 담긴 이 풍경화에 대해서는 여러 설이 많으나 내용에 대해서는 정확하게 알려진 것이 없다. 16세기 이탈리아의 예술사가 조르조 바사리는 "나는 그의 인물화를 전혀 이해할 수가 없다. 내가 여러 사람들에게 물어봤는데, 이 그림을 이해한다는 사람을 아직 발견하지 못했다"라고 썼다.

베네치아 르네상스 미술의 완성자로는 티치아노가 꼽힌다. 그는 밝고 풍부한 누드화와 호화스러운 색채화의 대가였다. 전성기 때에

〈폭풍우〉, 조르조네, 1505년경.

〈우르비노의 비너스〉, 베첼리오 티치아노, 1537~1538년.

미켈란젤로와 맞먹는 명성을 얻었는데, 신성 로마 제국의 황제 카를 5세Karl V는 바닥에 떨어진 그의 붓을 집어 줄 정도였다고 한다. 그는 초상화에서 발군의 실력을 발휘해 각국의 왕후들로부터 작품 제작을 의뢰받아 온 유럽에 그 명성을 떨쳤다. 그의 대표작 〈우르비노의 비너스Venus of Urbino〉는 베네치아 르네상스의 미의 전형을 구현한 작품으로 서양미술사에서 가장 아름다운 비너스 중 하나로 꼽힌다. 그림 속 여인은 신화 속의 비너스가 아니라 베네치아의 귀족으로 몸치장을 받기 위해 기다리고 있다. 티치아노는 이전의 화가들과 달리 신화 속의 여신이 아니라 주변에서 볼 수 있는 실제 여성의 아름다움을 그렸

〈그리스도의 매장〉, 베첼리오 티치아노, 1523~1526년경.

다. 그의 〈그리스도의 매장Entombment of Christ〉은 십자가에 못 박혀 죽
은 그리스도를 십자가에서 끌어 내린 후 묻으러 가는 장면이다. 그림
자에 묻힌 그리스도의 얼굴에서는 죽음의 허망함이 나타나고, 제자들
의 표정에는 죽은 스승에 대한 비통함이 가득하다. 검은 구름이 잔뜩
드리워진 어둠 사이로 황금빛 햇살을 받아 언뜻 빛나는 그리스도의
시체와 제자들의 육체는 죽음에 대한 슬픔을 더욱 강조하고 있다. 티
치아노는 색의 심리적 성격까지도 꿰뚫고 있던 색채의 대가였다.

강아지의 털
하나까지도 그린다

15세기, 북유럽에서 새로운 시도가 있었다. 벨기에 서부를 중심으로 네덜란드 서부와 프랑스 북부에 걸쳐 있는 지방인 플랑드르Flandre가 미술과 음악의 중심지로 자리매김하기 시작했다. 이탈리아 르네상스가 고대 그리스·로마 문화의 재인식에서 출발했다면, 플랑드르 르네상스는 자기 주변의 생활에 대한 철저한 관찰로부터 시작했다. 이탈리아 르네상스는 사실적이지만 조화와 균형이라는 이상적인 모습을 추구했다. 그러나 플랑드르 미술Flemish Art은 있는 그대로의 자연과 주변 현실을 사실적 기법으로 꼼꼼하게 묘사했다.

북유럽 르네상스 미술의 개척자는 얀 반 에이크Jan van Eyck이다. 그는 이상미를 추구하는 이탈리아 르네상스 미술과는 달리 현실을 철저히 살펴보며 그림을 그렸다. 반 에이크의 대표작 〈조반니 아르놀피니와 그의 아내 초상Portrait of Giovanni Arnolfini and His Wife〉을 보자. 〈아르놀피니의 결혼〉으로도 잘 알려진 이 그림은 이탈리아 루카 출신의 상인 조반니 아르놀피니Giovanni Arnolfini와 조반나 체나미Giovanna Cenami의 결혼식 장면이다. 신랑은 한 손으로 신부의 손을 잡고 다른 손은 세워 들어 결혼의 맹세를 하고 있다. 결혼식이 진행되는 엄숙한 모습이 벽면에 걸린 거울에 잘 나타나 있다. 거울에는 두 사람 이외에 두 사람이 더 보이는데, 한 명은 이 그림을 그리는 반 에이크이고 그 앞에 푸른 옷을 입은 사람은 결혼을 주재하는 성직자이다. 거울

〈조반니 아르놀피니와 그의 아내 초상〉, 반 에이크, 1434년.

위의 벽에는 라틴어로 '얀 반 에이크 여기에 있었다. 1434년Johannes de Eyck fuit hic 1434'이라고 씌어 있다. 이것은 그가 이 결혼식의 증인이라는 것을 보여 준다. 사진이 없었던 먼 옛날에는 그림이 사건의 증거로 사용됐다. 이 그림은 복잡한 상징으로 가득 차 있는 것이 특징인데, 천장에 매달린 샹들리에의 촛불은 성령, 즉 그리스도가 이 성스러운 결혼식에 임하였음을, 발 아래의 강아지는 결혼에 대해 끝까지 충성할 것을, 창문 옆의 사과는 에덴동산에서 저지른 인간의 원죄를 잊지 말 것을 상징한다.

반 에이크의 뒤를 이어 플랑드르 미술을 발전시킨 사람은 로히어르 판 데르 베이던Rogier van der Weyden이다. 베이던은 반 에이크와는 달리 주변의 현실적 삶을 묘사하지 않았다. 그는 플랑드르의 사실주의적 기법을 바탕으로 중세 미술이 추구했던 내면의 감정 표현에 중심을 두었다. 베이던은 종교화를 즐겨 그렸는데, 초상화가로도 유명했다. 〈여인 초상Portrait of a Lady〉은 베이던의 후기 초상화로 추상적 우아함의 절정을 보여 주는 작품이다. 베이던은 초상화가로서 자기가 그리는 모델의 외면을 생생하게 재현했을 뿐만 아니라 심리적·정신적인 측면까지도 표현하려 했다.

북유럽 르네상스 미술의 완성자는 독일의 미술가 알브레히트 뒤러Albrecht Dürer이다. 뒤러가 활동하던 당시 독일 사람들은 화가를 기능인 정도로 취급했다. 뒤러는 그러한 세상의 인식을 참을 수가 없었다. 그의 〈자화상Self-Portrait〉을 보면 그런 생각이 엿보인다. 이 그림은 그가 스물여섯 살 때의 모습으로 표정은 자신감에 가득 차 약간

〈여인 초상〉,
판 데르 베이던, 1455년경.

오만하게 보이기도 한다. 얼굴은 턱수염으로 덮여 있는데, 이것은 당시 젊은 사람에게는 특이한 일이었다. 이 그림을 그리고 9년 후, 뒤러는 풍자적인 시를 썼는데 자신을 '턱수염의 화가'라고 묘사했다. 〈자화상〉에서 뒤러가 보여 주고 싶었던 것은 귀족적이며 고매한 위엄이었다. 뒤러는 이탈리아에서 다 빈치가 했던 것처럼 북유럽의 예술가상을 정립하고자 노력했고, 실제 그는 후에 북유럽에서 매우 존경받는 예술가가 되었다.

16세기 또 한 명의 독일 르네상스 미술의 대가는 한스 홀바인Hans

〈자화상〉,
알브레히트 뒤러, 1498년.

Holbein이다. 그는 초상화가로서 유럽 각지에서 명성을 얻었고 영국 헨리 8세Henry VIII의 궁정화가가 되어 영국 초상화의 토대를 닦았다. 홀바인은 당시 세부 묘사에 빠져 있던 북유럽 미술에 이탈리아 르네상스 미술을 결합하여 풍부한 색채의 북유럽 미술을 만들어 냈다. 이러한 결과가 홀바인의 〈글을 쓰는 로테르담의 에라스뮈스Portrait of Erasmus of Rotterdam Writing〉이다. 네덜란드의 인문학자 데시데리위스 에라스뮈스Desiderius Erasmus는 당시 종교개혁으로 일거리를 잃은 홀바인을 위해 영국의 정치가 토머스 모어Thomas More에게 '이곳 스위스

〈글을 쓰는 로테르담의 에라스뮈스〉, 한스 홀바인, 1523년.

바젤의 미술은 얼어붙고 있습니다. 부디 이 재능 있는 미술가가 궁정 화가로 들어갈 수 있게 해 주십시오'라고 편지를 써 주었던 인물이다. 홀바인은 에라스뮈스의 학자적인 모습을 강조하고자 서가에서 글을 쓰고 있는 그를 그렸다. 홀바인은 되도록 종교적인 색채를 없애고 모델의 신분을 나타내는 도구들을 동원하여 모델의 직업과 성격 등을 드러내고자 했다.

16세기 북유럽 미술의 또 한 명의 대표 작가 피터르 브뤼헐Pieter Brueghel은 견고한 사실주의 미술의 전통과 현실의 기반 위에서 풍속화Genre Painting라는 미술의 새로운 영역을 개척했다. 브뤼헐이 주로 다루었던 주제는 북유럽의 환상적인 자연과 농민의 생활이었다. 〈농부의 결혼식The Peasant Wedding〉은 어느 시골 마을의 즐겁고 혼잡한 결혼식 장면을 그린 그림이다. '농민 브뤼헐'이라는 별명이 붙은 화가답게 브뤼헐은 결혼식에 모인 온갖 인간 유형과 자태를 예리하게 표현했다. 브뤼헐의 또 다른 대표작은 〈눈 속의 사냥꾼The Hunters in the Snow–Winter〉이다. 벨기에의 어느 컬렉터의 주문으로 제작된 달력 연작 중 겨울(1월) 그림으로, 빼어난 구성과 표현으로 달력 연작 중에서 가장 유명한 작품이다. 사냥꾼이 허기진 개와 함께 발을 끌며 마을로 돌아오고 있다. 관람객을 향해 등을 돌리고 있어 잘 알 수는 없지만 축 처진 모습으로 보아 사냥이 그리 성공적이지 않았나 보다. 멀리 지평선 위로 보이는 얼음 덮인 산이 을씨년스러운 겨울의 분위기를 더욱 고조시키고 있다.

〈농부의 결혼식〉, 피터르 브뤼헐, 1568년경.

〈눈 속의 사냥꾼〉, 피터르 브뤼헐, 1565년.

르네상스
미술

전성기 르네상스의 대표적인 인물 레오나르도 다 빈치. 오늘 밤 예솔이는 예술은 물론 과학에도 재능을 보인 그를 만나러 왔다.

예솔이   우아! 그림과 조각이 마치 살아 있는 것 같아요.

다 빈치   마치 살아 있는 것 같은 게 아니라 그들은 실제로 살아 있어.

예솔이   음? 어디서 들어 본 말 같은데…… 살아 있다고요?

다 빈치   르네상스 미술가에게 그림이나 조각은 단순한 그림이나 돌덩어리가 아니야. 르네상스의 그림과 조각은 현실의 사람처럼 피와 살로 이루어지고 공기로 숨을 쉬는 존재지.

예솔이   아니, 어떻게 그림이나 조각이 살아 있을 수 있죠? 혹시 원시인처럼 마술로 영혼을 불어넣었나요?

다 빈치   아니야. 지금이 어느 시대인데 그런 미신적인 방식으로 생명을 불어넣을 수 있겠어?

예솔이　그럼 어떤 방법을 사용한 거예요?

다 빈치　과학을 이용했지.

예솔이　사이언스science 말인가요?

다 빈치　그래. 살아 있는 인체나 현실 세계를 재현하려면 무엇보다도
　　　　　과학이 필요하지.

예솔이	어떤 과학이 필요하죠?
다 빈치	우선 르네상스 화가들은 원근법을 통해 현실 공간을 화면에 똑같이 옮겨 놓거든. 그리고 해부학을 통해 생명감 넘치는 인체를 재현해. 그뿐만이 아니야. 색채 명암법을 이용해 물체의 부피나 무게도 표현한단다. 심지어 나는 생리학과 역학까지 연구했어. 다 살아 있는 그림을 그리기 위해서였지.
예솔이	화가가 되기란 쉬운 일이 아니네요. 그럼 과학을 모르는 사람은 어떻게 해요?
다 빈치	힘들지. 알베르티 같은 미학자는 수학과 기하학을 모르면 그림 그릴 생각을 하지 말라고 경고했을 정도야. 르네상스 시대에는 공부를 못하면 화가가 될 수가 없는 거야.
예솔이	선생님의 작품 〈모나리자〉는 특히 살아 있는 것 같아요.
다 빈치	스푸마토 기법을 적용했기 때문이야.
예솔이	스푸마토?
다 빈치	공기원근법이라는 기법이야. 멀리 있는 물체를 흐릿하게 하는 기법이지.
예솔이	멀리 있으면 흐려 보이는 건 당연하지 않아요?
다 빈치	그래? 그럼 왜 그런지 과학적으로 설명해 보렴.
예솔이	…….
다 빈치	공기 중에는 먼지와 수분 분자가 가득해. 이런 분자들이 빛의 산란 작용을 일으켜 거리가 멀어질수록 형태를 명료하게 볼 수 없게 하거든. 나는 그것을 스푸마토이라고 불렀지. 스푸

〈성 안나와 성 모자Virgin and Child with St. Anne〉, 다 빈치, 1510년경.

마토는 내가 미술사에 기여한 가장 중요한 업적이야.

　15세기 이탈리아인들은 단순히 현실을 모방하는 그림으로는 만족하지 못했다. 예솔이가 만난 다 빈치를 비롯해 당시 화가들이 원한 미술 속 인간은 현실의 인물처럼 피가 흐르고 살이 있는 그런 인물이었다. 그러한 인물을 그려 내기 위해서는 과학이 필요했다. 15세기 초, 이탈리아의 미술가들은 수학, 해부학, 광학, 색채 명암법, 공기원근법과 같은 과학의 도움을 받아 현실을 진짜처럼 재현하는 데 성공했다.
　그림만 잘 그리면 화가가 되는 줄 알았던 예솔이는 당시의 그림을 보며 그들의 해박한 지식에 깜짝 놀라고 말았다.

바로크 미술 Baroque Art

종교적 갈등과 근대의 여명

바로크 미술은 르네상스 미술과는 목표가 크게 달랐다.
르네상스 미술은 현실에서 '이상적인 미'를 찾으려 했던 반면에
바로크 미술은 현실에서 '생명의 움직임'을 찾으려 했다.

추하든 아름답든
있는 그대로 그린다

            17세기, 미술의 중심지였던 이탈리아가 서서히 쇠퇴하자 프랑스, 스페인, 네덜란드, 벨기에 등이 새로운 문화의 중심지로 등장했다. 강력한 상업 세력을 배경으로 등장한 절대왕정은 궁정을 중심으로 웅장하고 화려한 미술을 만들었는데, 17세기에 유행한 이런 양식을 바로크 미술Baroque Art이라고 부른다.

  17세기 바로크 미술의 선구자는 미켈란젤로 메리시 다 카라바조Michelangelo Merisi da Caravaggio였다. 카라바조는 이전의 그림들과는 확연히 다른 것을 그렸다. 그는 이상화된 현실이 아니라 현실 그 자체를 있는 그대로 표현했다. 카라바조의 작품 〈바쿠스Bacchus〉는 로마신화에 나오는 술의 신을 그린 것이다. 그림 속 바쿠스는 술을 한 잔 마신 듯 얼굴이 불그스레하다. 이 젊은 바쿠스는 위엄 있는 신이

〈바쿠스〉, 카라바조, 1596년경.

라기보다는 피부가 뽀송뽀송한 젊은이에 가깝다. 카라바조는 주변에서 흔히 볼 수 있는 젊은 청년을 모델로 바쿠스를 그렸다. 그는 역사적 종교화를 그릴 때에도 늘 모델을 현실에서 구했다. '현실이 추하든 아름답든 있는 그대로 충실히 표현하겠다. 현실은 이미 그 자체로서도 충분한 가치가 있기 때문이다'라는 것이 카라바조의 자연주의 예술관이었다.

그의 후기작인 〈다윗과 골리앗David and Goliath〉을 보자. 다윗이 장수 골리앗의 이마에 돌팔매를 명중시켜 죽였다는 구약성서 속 이야기를 그린 작품이다. 돌팔매로 골리앗을 죽인 다윗이 그의 머리를 잘라 들고 있는 모습이다. 이 그림에 등장하는 다윗과 골리앗은 모두 카라바조 자신의 얼굴이다. 카라바조는 골리앗의 얼굴과 다윗의 얼굴 모두에 자신의 초상을 그려 넣었다. 다윗에게는 10대의 자기 얼굴을, 골리앗에게는 30대의 자기 얼굴을 그려 넣었다. 이 그림은 성질이 불 같은 카라바조가 테니스 시합 도중 동료를 살해하고 로마를 떠나기 직전에 그렸다고 한다. 카라바조는 4년 후 37세의 젊은 나이로 생을 마감하는데, 어쩌면 이 그림으로 자신의 불행한 운명을 예고한 것이 아닐까.

카라바조는 사건을 실감 나게 표현하기 위해 빛과 그림자의 날카로운 대비를 극적으로 이용했다. 키아로스쿠로Chiaroscuro라는 명암법을 이용했는데, 그렇게 그린 그림은 당시 사람들에게 너무나 놀라운 것이었다. 그림 속 사건이 마치 보는 사람의 눈앞에서 펼쳐지는 듯했다. 카라바조에게 빛과 그림자는 명암 이상의 의미를 지니고 있었다. 그에게 빛은 현실의 진실을 정직하게 드러내는 수단이었고, 그림자는 진실을 극적으로 부각시키는 역할을 했다.

카라바조의 그림은 17세기 유럽 미술계에 엄청난 영향을 미쳤다. 카라바조풍의 미술은 북유럽에까지 영향을 미쳐, 유럽 각지에서는 강력한 명암 대비에 의한 서민적 사실주의가 나타났다. 17세기 세계의 미술사를 화려하게 장식하는 렘브란트 하르먼스 반 레인Rembrandt Harmensz van Rijn, 디에고 로드리게스 데 실바 벨라스케스Diego Rodrí-guez de Silva Velázquez, 프란스 할스Frans Hals, 페테르 파울 루벤스Peter Paul Rubens 등의 화가도 모두 이러한 카라바조의 영향을 받았다.

〈다윗과 골리앗〉, 카라바조, 1606~1607년.

생명의 에너지를 표현하다

17세기 국제적 미술이 된 바로크 화풍은 플랑드르 미술에도 영향을 미쳤다. 당시 플랑드르 바로크 미술의 대가는 루벤스이다. 그는 이탈리아의 고전 미술과 플랑드르의 사실적인 미술을 결합해 북유럽 미술의 방향을 재설정했다. 루벤스는 이탈리아에서 수년간 머물면서 르네상스 걸작들과 카라바조의 작품을 연구했다. 그는 미켈란젤로의 긴장감 넘치는 육체와 티치아노의 선명한 색채, 카라바조의 극적인 광선에 관심을 기울였다. 그러나 루벤스는 르네상스의 이상적인 미에 대해서는 큰 관심이 없었다. 그는 물체의 질감을 표현하는 데 마음이 끌렸고 결과적으로 매우 촉각적인 그림을 그렸다. 그의 그림 〈밀짚모자The Straw Hat〉는 루벤스의 두 번째 부인의 언니인 수산나 룬덴Susanna Lunden을 모델로 그렸다. 그림 속 여성은 너무나 생동감이 넘치고 사실적이어서 마치 현실에 살아 있는 사람 같다. 불그스름한 볼은 살짝 건드리기만 해도 더 달아오를 것만 같다.

루벤스는 당시 조그마한 그림을 주로 그리던 플랑드르 화가들과 달리 거대한 그림을 주로 그렸다. 그는 커다란 화면에 사물들을 배치하고 빛과 색채, 운동감을 살려 역동적인 느낌을 불어넣었다. 루벤스는 어느 물체든 자유자재로 그려 냈고, 그가 손만 대면 모든 사물이 생기발랄하고 살아 숨 쉬는 것으로 변했다.

〈레우키포스 딸들의 납치The Rape of the Daughters of Leucippus〉는 제우스의 아들 카스토르와 폴룩스가 말을 타고 나타나 메세네의 왕 레우

〈밀짚모자〉, 페테르 루벤스, 1625년경.

키포스의 두 딸을 강제로 납치하는 그리스신화를 그린 그림이다. 납치하려는 두 남성과 납치당하지 않으려고 저항하는 두 여인에게서 엄청난 힘과 에너지가 느껴진다. 넘치는 힘은 그림 밖으로까지 뻗쳐 나갈 기세이다.

루벤스의 그림에는 정지하고 있는 물체가 하나도 없다. 엄청난 에너지가 하나의 물체에서 다른 물체로 옮겨 가며 화면을 역동적으로 구성한다. 덕분에 화면 전체가 에너지로 진동하고 있다.

루벤스는 거대한 화면을 손쉽게 구성하는 재주와 화면에 활기를 가득 채우는 탁월한 솜씨로 큰 인기를 얻었다. 그의 그림은 궁중의

〈레우키포스 딸들의 납치〉, 페테르 루벤스, 1618년.

레우키포스는 그리스신화에 나오는 메세네의 왕으로, 그의 딸 힐라에이라와 포이베는 제우스의
아들들에게 납치되어 각각 그들의 아내가 되었다.

사치와 화려함을 더욱 돋보이게 하고 권력을 미화하는 데 도움이 되었다. 때문에 루벤스의 거대한 그림은 고위 성직자나 군주의 주문이 끊이지 않았다. 그러나 미술에 대한 루벤스의 기본적인 신념은 주변에 있는 좋아하는 대상을 그린다는 것이었다. 그는 원만하고 따뜻한 인품을 지닌 화가이자 외교관으로서 유럽 각국 왕들의 존경과 사랑을 받았다.

카라바조의 영향을 받은 화가는 또 있다. 17세기 스페인 최고의 미술가 벨라스케스는 카라바조의 자연주의 방침에 따라 자연을 냉정하게 관찰했다. 스페인 필립 4세Philippe IV의 궁정화가였던 그는 궁정에 살면서 왕과 그의 가족을 주로 그렸다. 특히 필립 4세의 딸인 마가리타 테레사Magarita Teresa를 모델로 한 여러 작품을 남겼는데, 마가리타는 후에 오스트리아 황제이며 헝가리 왕인 레오폴드 1세Léopold I의 부인이 되었다. 벨라스케스의 그림은 하도 정묘해서 멀리서 보면 세밀하게 그린 듯 보이지만, 사실은 몇 번의 크고 확실한 붓질로 완성된 것이다.

벨라스케스는 붓 사용의 달인이었다. 그는 철저한 자연 관찰을 통해 일상을 자연스럽고도 날카롭게 표현했다. 그의 〈거울 속의 비너스Venus at her Mirror〉는 티치아노의 〈우르비노의 비너스〉와 함께 서양미술사에서 가장 아름답고 중요한 비너스로 평가되는 작품이다. 그림을 보면 비스듬히 팔을 괴고 누운 비너스 앞에 큐피드가 거울을 받치고 있다. 거울이 흐릿하여 거울에 비친 비너스의 얼굴이 명료하지 않지만 매우 매력적인 여인이라는 것은 알 수 있다. 벨라스케스는 몇

〈궁정의 시녀들Las Meninas〉, 벨라스케스, 1656년경.

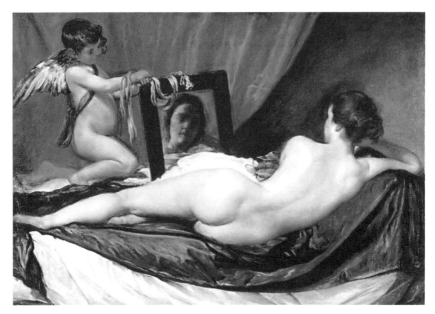

〈거울 속의 비너스〉, 벨라스케스, 1647~1651년경.

번의 붓질만으로 사람의 몸을 능숙하게 그렸는데, 그의 이러한 붓 사용법과 특정 부분만을 강조하는 표현 기법은 후에 인상파에게 지대한 영향을 미쳤다.

**아름다움보다는
진실이 중요하다**

　　　　　　　　17세기 네덜란드의 최고 화가는 렘브란트였다. 당시 대부분의 화가들처럼 렘브란트도 카라바조의 영향

〈야간 순찰〉, 렘브란트, 1642년.

을 크게 받았다. 초기 렘브란트는 초상화가로서 눈부신 성공을 거두었다. 그러나 평면적인 초상화에 만족할 수 없었던 그는 인간의 내면적인 깊이를 드러내는 인물화를 그리기 시작했다. 이때 내면의 깊이와 현실의 생생한 리얼리티를 강조하기 위해 빛과 어둠의 효과를 극적으로 이용했다. 렘브란트의 대표작 〈야간 순찰The Night Watch〉은 암스테르담 민병대원들의 주문을 받아 그린 단체 초상화로 대원들이 막 야간 순찰에 나서는 장면이다. 렘브란트는 당시에 유행하던 사람을 일렬로 세워 놓고 그리는 단체 초상화에 만족하지 못하고, 강력한 명암 효과와 대담한 극적 구성을 시도했다. 빛과 어둠의 대비로 극도로 강조된 질감은 눈이 부실 정도로 선명하다. 특히 칼과 금속 투구 등은 마치 쇳소리가 들릴 것처럼 생생하게 표현되었다. 그런데 이 작품을 고비로 렘브란트의 세속적 명성은 떨어졌다. 예술 세계가 점점 심오해질수록 그의 인기는 점점 줄어들었다. 사람들은 그의 그림을 보고 자기 얼굴과 닮지 않았다는 둥, 앞사람에 가려서 잘 보이지 않는다는 둥 불평을 늘어놓았다. 17세기의 가장 네덜란드적인 예술이 탄생하고 있었음에도 당시 사람들은 렘브란트를 이해하지 못했던 것이다.

렘브란트는 남의 얼굴만큼이나 자신의 얼굴도 많이 그렸다. 보통 자신의 얼굴을 그리는 자화상은 미화하거나 과장하는 경우가 많다. 그러나 그의 〈자화상Self-Portrait〉은 어떠한 이상화를 하려거나 무엇을 숨기려는 흔적이 없다. 그가 복잡 다면한 인간의 모습을 있는 그대로 철저하게 파헤치고자 했기 때문이다. 그는 꾸며진 아름다움보다는 진실과 성실성을 강조했다. 그래서 렘브란트가 그려 낸 인물을 보면 진정한 인간을 마주하는 느낌이 든다.

〈유대인 신부The Jewish Bride〉는 렘브란트의 후기 작품으로 강렬한 색채가 눈에 띄는 그림이다. 이 작품은 자신들을 성경에 나오는 이삭과 레베카처럼 묘사해 달라는 의뢰를 받고 제작한 초상화이다. 렘브란트는 모델의 깊숙한 인간성까지 포착해서 표현하고 있으나 초기와 같이 빛과 그림자를 극적으로 대비시키지는 않았다. 후기 렘브란트

〈자화상〉, 렘브란트, 1661년.

는 물체 표면의 미묘한 색채 변화에 더 관심을 두었다.

　이렇게 왕성하게 활동하던 렘브란트는 너무나 외롭고 쓸쓸한 노년을 보냈다. 사랑하는 부인 사스키아Saskia와 자식들을 모두 먼저 보냈고, 특히 두 번째 아내 헨드리키에Hendrickje와 아들 티투스Titus가 죽었을 때 렘브란트의 생활은 말이 아니었다. 그가 세상을 떠났을 때 그에게 남은 것이라고는 겨우 몇 벌의 옷과 그림 도구가 전부였다고 한다.

〈유대인 신부〉, 렘브란트, 1665년경.

서민의 생활을 그리다

17세기 중반 이탈리아 북부와 북유럽에서는 카라바조의 영향으로 강력한 명암 대비에 의한 서민적 사실주의가 나타났다. 서민적 사실주의 미술은 특히 자유로운 시민 국가를 수립한 네덜란드에서 초상화, 풍속화, 풍경화, 정물화 등의 다양한 장르로 화려하게 꽃을 피웠다.

17세기 초, 스페인에서 독립해 유럽 무역의 중심지가 된 네덜란드의 상인, 농민, 선원 들은 그림에 관심이 많았다. 당시 네덜란드에서 그림은 대중화된 분야였다. 네덜란드 회화가 개척한 가장 중요한 분야는 초상화였다. 네덜란드의 성공한 상인이나 시의원 등 많은 도시의 명사들은 자신의 직위를 나타내는 표지가 들어 있는 초상화를 원했다. 특히 네덜란드의 도시 생활에서 두드러진 역할을 하는 각종 위원회나 단체의 회원들 사이에서는 집단 초상화를 걸어 놓는 것이 유행이었다.

프란스 할스는 대담한 필치로 17세기 네덜란드 초상화의 새로운 경지를 개척했다. 할스는 사람의 인생에서 최고의 시절, 가장 행복한 순간을 포착해 초상화를 그려서 '웃음의 화가'라는 별명이 붙었다. 할스의 〈유쾌한 주정꾼The Merry Drinker〉을 보자. 할스 이전의 초상화들은 오랜 시간의 관찰을 바탕으로 전형적으로 그려지는 데 반해, 그는 마치 카메라로 스냅사진을 찍듯이 어떤 특정한 순간을 포착해 화면에 그렸다. 당시 사람들은 할스의 그림을 파격적으로 받아들였다. 그러나 인생의 후반, 생활이 어려워지기 시작하면서부터 그의 그림 속

<유쾌한 주정꾼>,
프란스 할스, 1628~1630년.

색채는 어두워지고 표현은 억제되었다. 웃음의 화가라는 별명과 달
리 말년에 할스는 추위와 굶주림에 떨며 시에서 주는 연금으로 연명
하다가 양로원에서 쓸쓸히 죽었다.

　네덜란드 사람들은 자신의 일상생활과 직접적인 관련이 있는 풍속
화를 좋아했다. 반 에이크 이래로 전통이 된 일상생활을 사실적으로
묘사하는 플랑드르 풍속화의 전통은 독특한 바로크 풍속화를 전개시
켰다. 솔직하고 건전한 현실 반영이 특징이었던 17세기 네덜란드 풍
속화에는 농민이나 서민들의 다양한 생활 정경과 네덜란드 일반 가
정의 분위기가 사실적으로 표현되었다. 17세기 네덜란드 최고의 풍

속화가는 요하네스 페르메이르Johannes Vermeer이다.

페르메이르는 대기와 광선의 효과에 대한 철저한 관찰을 바탕으로 네덜란드 일반 가정의 실내와 서민들을 묘사했다. 〈우유 따르는 여인The Milkmaid〉을 보자. 이른 아침 한 여인이 조용히 그릇에 우유를 따르고 있다. 그녀의 주변에는 빵 덩어리, 은 물통, 바구니 등이 널려 있고, 창문으로 들어온 빛이 그녀의 손에 떨어지며 온 방으로 퍼져 나간다. 이 그림은 빛과 공기, 그림자의 놀랄 만한 조화만으로도 보는 사람을 즐겁게 만든다. 그의 또 다른 대표작 〈레이스 뜨는 여인La Dentellière〉을 보자. 10대 후반 또는 20대 초반의 처녀가 온 정신을 바늘에 집중해 레이스를 짜고 있다. 그녀의 주변에는 여러 색깔의 실과 재료가 널려 있다. 재료의 재질감이 너무나 완벽하게 표현되어 마치 손으로 그것들을 만지는 듯한 촉감이 느껴질 정도다. 이 그림은 언뜻 보기에 매우 세밀하게 그려진 듯하지만, 페르메이르는 주제를 강조하기 위해 중심에만 초점을 맞추고 나머지 부분은 마치 사진의 핀트를 맞추지 않는 것처럼 흐릿하게 처리했다. 페르메이르는 붓질 하나까지도 철저히 계산해 이 그림을 완성했다.

또 다른 풍속화가 얀 스테인Jan Steen은 농민이나 서민들의 다양한 생활 정경을 유쾌하고 떠들썩하게 그려 내는 데 뛰어난 재능을 보였다. 스테인은 네덜란드의 여러 도시를 돌아다니면서 다양한 유파의 기법을 익혔다. 그가 그린 〈성 니콜라스 축제The Feast of Saint Nicolas〉를 보자. 앞쪽에는 성 니콜라스Saint Nicolas의 날 이브에 준비하는 빵이 놓여 있고, 오른쪽에 아이를 안고 있는 소녀는 굴뚝을 가리키며 성

〈우유 따르는 여인〉, 요하네스 페르메이르, 1658년경.

〈레이스 뜨는 여인〉,
요하네스 페르메이르,
1669~1970년.

니콜라스가 선물을 가져올 것이라 기대하고 있고, 다른 아이들은 노래를 부르며 기뻐하고 있다. 17세기 네덜란드 일반 가정의 생활상이 눈앞에서 펼쳐지는 듯 생생하다.

17세기 네덜란드의 화가들은 일상적인 주제의 풍경화도 즐겨 그렸다. 네덜란드의 풍경화가들은 성경의 이야기나 인물이 없이도 만족스러운 그림이 될 수 있다는 사실을 발견한 최초의 사람들이었다. 메인더르트 호베마Meindert Hobbema는 17세기 네덜란드의 대표적인 풍경화가로 시골길, 농가, 물방앗간 등 주로 주변의 풍경을 그렸다. 그의 대표작 〈미델하르니스의 가로수 길The Avenue at Middelharnis〉

〈성 니콜라스 축제〉, 얀 스테인, 1665~1668년.

〈미델하르니스의 가로수 길〉, 메인더르트 호베마, 1689년.

을 보자. 극단적인 원근법과 정교한 묘사력을 바탕으로 그린 호베마의 풍경화는 보는 이들의 흥미를 그림 안으로 강하게 끌어들인다. 호베마는 편평한 땅, 줄지어 선 가로수, 흘러가는 구름, 그리고 그 안에서 살아가는 마을 사람들이라는 평범한 소재도 극적인 예술 작품으로 변환될 수 있음을 보여 준 풍경화의 대가였다. 생전에 그의 작품은 빛을 보지 못했으나 후에 영국 수집가들의 애호를 받았으며 18세기 영국의 풍경화에 커다란 영향을 주었다.

페르메이르의 〈델프트 풍경View of Delft〉 또한 독특한 매력을 가진

〈델프트 풍경〉, 요하네스 페르메이르, 1659~1660년.

풍경화다. 작가는 광선과 대기 표현의 대가답게 이를 활용해 델프트 항구의 고요한 모습을 장엄하게 묘사했다. 페르메이르는 있는 그대로의 델프트 항구를 그리지 않고 조금 이상화하여 그렸다. 이 그림은 사진 같은 정확성으로 인해 미술사학자들은 페르메이르가 카메라의 전신인 카메라옵스큐라(Camera Obscura, 어두운 방이란 뜻을 지닌 카메라의 어원)를 사용했을 것으로 추측하지만, 그럼에도 그의 그림은 세계적인 명화임에 틀림없다.

바로크 미술

빛과 그림자의 대비를 잘 표현한 것으로 유명한 이탈리아 초기 바로크의 대표적 화가, 카라바조를 만나러 간 예솔이. 타임머신에서 내린 예솔이는 그와 함께 그의 작품 〈의심하는 성 도마The Incredulity of Saint Thomas〉를 감상하며 이야기를 나눈다.

예솔이   어휴, 창에 찔려 구멍 난 그리스도의 옆구리를 보니 제 가슴도 찢어지는 것 같아요. 가슴이 너무 아파요.

카라바조   그럴 거야. 마치 손으로 만지는 듯한 촉감을 표현해 내는 게 바로크 미술의 목표거든.

예솔이   어떻게 그림이 만지는 듯한 느낌을 줄 수 있는 거예요?

카라바조   르네상스 사실주의는 사실적이긴 했지만 한 가지 부족한 점이 있었어. 바로 촉감이야. 촉감까지 사실적으로 표현해 내진 못했거든. 사람이 진짜인지 아닌지 구별하는 가장 일반적인 방법이 무엇인지 아니?

예솔이 글쎄요.

카라바조 손으로 만져 보는 거야. 왜 카페 같은 곳에 가면 그곳에 놓인 꽃이 생화인지 조화인지 구별되지 않을 때가 있잖아. 그럴 때 진짜와 가짜를 구별하는 가장 좋은 방법은 손으로 만져 보는 거거든.

〈의심하는 성 도마〉, 카라바조, 1601년.

예솔이   그건 알겠어요. 그런데 어떻게 그림으로 촉감까지 표현할 수
                있는 거죠?

카라바조   나는 질감을 표현하기 위해 키아로스쿠로라는 명암법을 개발
                했지.

예솔이   키아로스쿠로?

카라바조   키아로스쿠로는 인위적으로 강한 빛을 쬐여 날카로운 빛과
                그림자를 만드는 방법이야. 특히 측면에서 아주 강한 빛을 비
                추면 물체의 고유한 질감이 드러나는데, 이를 잘 표현해 내면

감상자가 마치 직접 손으로 만지는 것처럼 느낄 수 있지. 바로크 그림의 핵심은 바로 거기에 있어. 내 자랑 같아서 좀 그렇지만, 키아로스쿠로는 영혼까지도 드러내는 대단한 방법이야. 이 그림에서 영혼이 느껴지지 않니?

예솔이 와, 정말 느껴지는 것 같아요!

17세기 바로크 미술의 선구자 카라바조의 그림은 마치 손으로 만지는 듯이 생생하다. 질감이 사실적으로 표현된 덕이다. 카라바조는 키아로스쿠로라는 과학적 명암법을 이용해 생동감 넘치는 색감과 질감, 나아가 정신적인 분위기까지도 재현해 냈다.

로코코 미술 Rococo Art

귀족사회 몰락과 쾌락의 미술

18세기 초, 자유롭고 향락적인 인간의 감정이
존중되기 시작한 풍토에서 만들어진 우아하고 에로틱한 미술을
로코코 미술이라고 한다.

향락을 즐기세

　　　　　　18세기, 비약적으로 발전하기 시작한 과학과 산업은 인간 생활에 적극적으로 활용되었다. 사람들은 현실 세계에 대해 낙관했고 내세에 대한 기대보다는 현실에서의 행복과 향락을 추구하기 시작했다. 18세기 초, 미술 활동의 무대는 여전히 교회와 왕실이었다. 그러나 16세기 말부터 18세기 유럽은 국가의 부를 늘리기 위해 상업을 중시하고 수출 산업을 육성하는 중상주의 정책에 집중한 결과 부르주아Bourgeois라는 부유한 계급이 등장하면서 살롱(Salon, 17~18세기 프랑스 상류층의 사교 모임이나 살아 있는 화가나 조각가의 전람회)이 미술 활동의 새로운 중심 무대로 등장했다. 부르주아는 바로크의 묵직한 미감 대신에 상쾌한 느낌을, 지적인 구성 대신에 감각적인 관능을 중시했다.

〈시테라섬으로의 순례〉, 앙투안 바토, 1717년.

우아하고 에로틱하게

　　　　　로코코 미술의 선구자는 장 앙투안 바
토Jean Antoine Watteau였다. 바토의 대표작 〈시테라섬으로의 순례Em-
barquement pour Cythère〉는 로코코 미술의 시작을 알리는 작품이었다.
시테라는 비너스를 섬기는 성전이 있는 전설의 섬이다. 바토는 당시
유행하던 희극의 한 구절인 '우리와 함께 시테라섬으로 순례를 떠납
시다. 젊은 처녀들은 애인을 얻어 옵니다'에서 힌트를 얻었다고 한다.
그의 또 다른 작품 〈사랑의 노래La Gamme D'amour〉는 두 음악가가 공
연 전 소리를 맞춰 보는 순간을 그렸다. 가수가 첫 음을 주고 반주자

〈사랑의 노래〉, 앙투안 바토, 1717년경.

가 코드를 맞추는 장면이다. 바토는 귀족의 연애나 유희를 그린 소위 페트 갈란테Fête Galante라고 불린 우아한 연희를 주제로 한 작품을 많이 그렸다. 페트 갈란테는 반짝이는 비단 옷을 입고 우아한 모습을 취하며 동화 속에나 나올 듯한 꿈 같은 생활을 하는 모습을 묘사한 환상의 세계였다. 페트 갈란테는 귀족들의 풍속과 유행을 묘사하기 위해 이런 양식의 그림을 즐겨 그리는 화가들에 의해 후에 새로운 미술의 장르로 수용돼 크게 영향을 미쳤다.

〈피에로 질〉, 앙투안 바토, 1718~1720년.

육체적으로 연약했고 폐병을 앓았던 바토는 37세의 젊은 나이로 세상을 떠났는데, 〈피에로 질Pierro, dit autrefois Gilles〉은 그가 사망하기 얼마 전에 그린 그림이다. 피에로는 노래하고 춤추며 사람들에게 즐거움을 주는 직업을 가진 인물인데, 하얀 옷을 입고 멍하니 서 있는 광대 질의 모습은 순박하지만 어딘지 슬퍼 보인다. 바토는 광대 질의 천진함과 소박함, 순진무구하지만 어딘지 무기력한 모습에 젊은 나이에 폐병에 걸려 힘겨워하는 자신의 모습을 투영한 듯하다.

바토를 뒤이어 로코코 미술을 발전시킨 인물은 프랑수아 부셰François Boucher와 그의 제자 장 오노레 프라고나르Jean Honoré Fragonard였다. 부셰는 바토의 로코코 양식을 더욱 발전시켜 관능적이고 가벼운 양식을 구축했다. 그는 상류 계급의 우아한 풍속과 애정 장면을 즐겨 그렸는데 목가적이고 신화적인 분위기로 명성을 얻었다. 〈다이아나의 목욕Bain de Diane〉은 살롱을 위해 제작된 그림으로 부셰를 유명 작가 대열에 올려놓은 작품이다. 그림 속 두 여인은 막 목욕을 마치고 숲가에 앉아 쉬고 있다. 목욕 전에 사냥을 한 듯 죽은 새들과 화살통, 사냥감 등이 바닥 여기저기에 널려 있다. 성숙한 여인의 벗은 몸

〈다이아나의 목욕〉, 프랑수아 부셰, 1742년.

은 눈부시게 화려하고 관능적이다. 날렵한 누드와 사냥이라는 소재
가 하나의 화폭에 담겨 있는 풍경은, 상류 사회의 사치스러운 취미와
쾌락을 즐기던 당시의 풍속을 잘 보여 준다. 부셰는 이러한 관능미만
으로 유명해진 화가는 아니다. 그는 우아한 소묘, 명쾌한 형태, 조화
로운 색채를 능숙하게 구사하는 화가였다. 부셰의 미묘하고 가벼운
묘사는 당시 대중에게 큰 기쁨을 주었다. 사람들은 그를 유행을 선도
하는 예술가로 생각했다. 부셰는 궁정화가가 되어 루이 15세Louis XV

의 애첩인 퐁파두르 부인Marquise de Pompadour의 총애를 받아 화단의 중심인물이 되었다.

프라고나르 역시 부세와 마찬가지로 상류계급의 우아한 풍속이나 애정 장면을 담은 그림을 즐겨 그렸다. 그의 대표작 〈그네L'escapolette〉를 보자. 울창한 숲속에서 화려한 분홍색 옷을 입은 젊고 아름다운 여인이 그네를 타고 있다. 그네를 밀어 주는 남자는 그녀의 남편이다. 여인은 그네를 타는 재미보다는 장미 덤불 속에 비스듬히 누워서 자신을 훔쳐보며 즐거워하는 애인에게 더욱 관심이 있다. 어수룩한 여인의 남편은 아무것도 모른 채 뒤에서 그네를 밀어 주는 데만 열심이다. 쾌락의 풍취가 물씬 풍기는 로코코의 전형적인 작품인 이 그림은 프라고나르가 그의 후원자였던 어느 귀족의 의뢰를 받아 그린 그림이다. 귀족은 이 그림을 주문하면서 프라고나르에게 그림 속에 자기 모습을 그려 넣도록 요청했다. 프라고나르는 루이 15세, 루이 16세Louis XVI 치하의 귀족들과 친교를 맺어 화려한 생활을 했지만, 프랑스대혁명 후 화려하고 선정적인 작품으로 인해 신고전주의자들에게 수난을 겪다 파리에서 외롭게 죽었다.

**하찮은 것에도
예술성이 있다**

상류 계층의 풍속을 묘사한 대부분의 다른 로코코 미술가들과 달리 장 바티스트 시메옹 샤르댕Jean Baptiste

〈그네〉, 프라고나르, 1766년.

Siméon Chardin은 부르주아 가정의 일상생활이나 어린이들의 모습을 따뜻하고 평화롭게 그렸다. 샤르댕은 18세기 파리 부르주아 가정의 풍속과 정물을 그려 명성을 얻었다. 샤르댕은 당시 정물화를 저급한 장르로 평가하는 전통과 편견에 맞서 싸워 화가로서 이름을 높였다. 샤르댕은 일상생활에서 주로 사용하는 음식 도구를 있는 그대로 꾸밈없이 그렸는데, 특히 물체의 겉모습에 매혹되지 않고 이면에 있는 본질을 표현하려 애썼다.

샤르댕은 가족, 모성, 가정일이라는 평범한 일상의 주제를 미술에 끌어들인 화가이기도 하다. 〈식사 전 기도The Prayer before Meal〉를 보면 젊은 엄마가 테이블에 수프를 나르고 나서 두 어린 딸에게 점심 기도를 하라고 재촉한다. 샤르댕은 아직 그 말의 의미를 잘 모를 어린 딸들의 모습을 따뜻하게 묘사하고 있다. 〈장터에서의 귀가Servant Returning from the Market〉는 한 젊은 여인이 시장을 보고 난 후 물건을 들고 막 집에 도착한 장면이다. 그녀는 무사히 집에 도착했다는 안도감으로 얼굴에 엷은 미소 띠면서 사 가지고 온 물건들을 부뚜막에 올려놓으며 긴 숨을 들이켜고 있다. 한 손에는 시장에서 산 물건이 담긴 보따리가 들려 있고, 다른 손은 부뚜막 위에 있는 빵 덩어리에 놓여 있다. 일상생활에서 쓰는 부엌 용구, 채소, 과일 바구니, 생선 등의 하찮은 물건에서 심오함과 정취를 찾았던 샤르댕은 평범한 일상생활의 아름다움을 예술로 승화시켰던 화가이다.

〈식사 전 기도〉, 샤르댕, 1740년.

〈장터에서의 귀가〉, 샤르댕, 1739년.

로코코 미술

얼마 전 프랑스 소설이 원작인 애니메이션 〈미녀와 야수Beauty and the Beast〉를 재미있게 본 예솔이. 애니메이션 속 귀족의 우아한 생활과 문화가 인상 깊었다. 그래서 오늘은 이런 장면을 즐겨 그려 프랑스 로코코 미술의 발전에 이바지한 부셰를 만나러 간다.

예솔이   히히, 그림이 좀 퇴폐적이네요?

부셰   듣기가 좀 거북하군. 퇴폐적이라니⋯⋯. 18세기 프랑스를 중심으로 유행하는 이런 선정적인 미술을 로코코 미술이라고 해.

예솔이   왜 이런 야한 그림이 유행하는 거죠?

부셰   18세기는 장사로 떼돈을 번 부르주아가 지배 세력으로 등장하며 가볍고 경쾌한 것을 요구하고 있어. 갑자기 부자가 된 이들은 진지한 것 말고 경박한 것을 좋아하거든.

예솔이   이런 것만 그려서 문제가 되지는 않나요?

〈엎드려 있는 소녀Reclining Girl〉, 프랑수아 부셰, 1751년.

부셰 사실 에로티시즘은 단순히 성적 쾌락만을 추구하는 것은 아
니야.

예솔이 그러면 또 어떤 의미가 있죠?

부셰 에로티시즘은 개인의 자유를 상징하기도 해. 원래 인간의 본
성은 쾌락적이고 달콤한 것을 좋아하는 면이 있는데 지배층은
이를 자꾸만 억누르려고 하지. 자기들은 다 누리면서 말이야.

예솔이 그렇군요.

부셰 사실 바로 전 장에 나왔던 바로크 미술과 로코코 미술은 같은

미술이야.

예솔이   네? 그 둘은 완전히 다른 느낌을 주는데요?

부셰   아니야. 바로크 미술과 로코코 미술은 추구하는 목표가 같아. 생동감 넘치는 역동성과 마치 만지는 듯한 촉감이 살아 있거든.

예솔이   그럼 로코코 미술에서도 키아로스쿠로가 중요하겠네요?

부셰   절대적이지. 명암을 강렬하게 대비하면 바로크 미술 같은 무거운 그림이 되고, 부드럽게 적용하면 로코코 미술 같은 달콤한 그림이 완성돼. 물체의 무게와 중량, 부피, 성질을 처리하는 데 색채 명암법이 거의 절대적인 영향을 미치는 거야.

그렇군요. 이 야들야들한 표현이 전부 명암법의 결과였네요.

예솔이는 그림을 가만히 들여다보았다. 로코코 미술이 가진 우아하고 부드러운 운동감과 촉감이 보이기 시작했다. 그러면서도 창조적이고 자율적인 가치가 대단히 돋보인다고 생각했다.

신고전주의 Neoclassicism

시민혁명과 혁신의 시대

신고전주의는 관능적이고 향락적인 로코코 미술에 반발해
엄격하고 영웅적인 미술을 요구했다.
균형 잡힌 구도와 명확한 윤곽을 드러내고자 했으며,
색채와 광선보다는 형태와 선을 중시했다.

그리스, 로마를 재부활하라

1789년 자유, 평등, 박애를 외치며 프랑스대혁명이 일어났다. 이를 이끌었던 혁명가들은 자신들을 부활한 그리스, 로마의 시민으로 자처했다. 그들은 프랑스 문화에 그리스·로마 풍의 장려壯麗함과 복고 취향적 취미를 반영했는데, 이것을 신고전주의라 불렀다. 신고전주의는 관능적이고 향락적인 로코코 미술에 반발하여 엄격하고 도덕적인 가치를 추구했으며 많은 애국적인 역사화와 초상화를 그려 냈다. 신고전주의는 18세기의 관능적이고 퇴폐적 현상을 보이던 로코코 문화에 대한 저항이기도 했다. 신고전주의 미술은 균형 잡힌 구도와 명확한 윤곽을 드러내고자 했고, 색채와 광선보다는 형태와 선을 중시했으며, 즉흥과 무질서를 경멸했다. 니콜라 푸생Nicolas Poussin에 의해 시작된 프랑스의 아카데미즘은 다비드에 의해 방향이 결정되고, 장 오귀스트 도미니크 앵그르Jean Auguste

Dominique Ingres에 의해 완성되었다.

프랑스 고전 미술의 선구자 니콜라 푸생Nicolas Poussin은 오랫동안 이탈리아에 머물며 고전 조각을 열심히 탐구했다. 그는 순수하고 장엄했던 고대국가의 광경을 묘사하기 위해 신화와 고대사, 성서 등에서 제재題材를 골라 그것을 독특한 이상적인 풍경 속에 그려 넣었다. 푸생의 〈에코와 나르키소스Echo and Narcissus〉는 그리스신화에 나오는 잘생긴 젊은이 나르키소스와 그를 사랑했지만 이루어지지 않은 요정 에코의 사랑 이야기를 담고 있다. 강가에는 죽은 나르키소스가 누워 있고, 에코가 뒤에서 슬퍼하고 있다. 에코는 나르키소스가 살아 있을 때 그에게 실연을 당해 식음을 전폐하다가 몸은 사라지고 목소리만 남게 되었다. 나르키소스는 이 때문에 복수의 여신 네메시스Nemesis로부터 자기 자신과 사랑에 빠지는 벌을 받게 되어, 물속에 비친 자신의 모습을 바라보다 빠져 죽었다. 푸생의 세련되고 정연한 화면 구성과 정취는 후에 프랑스 회화에 커다란 영향을 끼쳤다.

영웅적으로 묘사하라

신고전주의 미술의 선구자는 자크 루이 다비드Jacques Louis David이다. 그는 그리스, 로마의 조각을 연구하며 고상하고 아름답게 묘사하는 방법을 터득했다. 다비드는 프랑스대혁명을 전후한 격동의 시기에 권력층과 협력해 수많은 애국적인 역사화와 초상화를 그렸고, 집권층과 대중으로부터 열렬한 환호

〈에코와 나르키소스〉, 니콜라 푸생, 1628~1930년.

를 받았다. 〈마라의 죽음Marat Assassiné〉은 정치적 반대파로부터 자택 욕실에서 살해당한 혁명가 장 폴 마라Jean Paul Marat를 추모하며 그린 작품이다. 마라는 무엇을 쓰고 있던 중으로 한 손에는 펜이, 피 묻은 다른 손에는 암살자가 면회를 요청할 때 가지고 온 가짜 편지가 들려 있다. 다비드는 가슴을 난자당해 죽은 마라를 최대한 장엄하게 영웅적인 모습으로 묘사했고, 나무 궤짝에는 '마라에게 바친다A Marat David'라는 글을 새겨 넣었다.

다비드의 또 다른 그림 〈소크라테스의 죽음The Death of Socrates〉을

〈마라의 죽음〉, 자크 다비드, 1793년.

〈소크라테스의 죽음〉, 자크 다비드, 1787년.

보자. 기원전 4세기, 고대 그리스의 철학자 소크라테스Socrates는 신을 부정하고 젊은이들을 타락시킨다는 죄목으로 아테네 당국에 고소당한다. 아테네 당국은 그에게 자신의 신념을 포기하거나 독배를 받을 것을 권고했다. 독배를 받기로 결정한 소크라테스가 추종자들 앞에서 정신의 영원성을 강론하면서 막 사망 선고를 받아들이는 순간, 제자들은 슬픔과 절망으로 괴로워한다. 다비드는 〈소크라테스의 죽음〉을 통해 고대 영웅이 죽는 순간을 장엄하게 표현했다.

즉흥과 무질서는
용납할 수 없다

　　　　　　　　다비드는 고전 조각의 연구를 토대로
조화와 질서, 장대한 구도, 세련된 선, 영웅적인 스케일 등을 특징으
로 하는 신고전주의 미술의 규범을 만들어 냈다. 그가 만든 신고전주
의 미술의 규범은 엄격하고 균형 잡힌 조형미를 갖추는 것이었다. 신
고전주의의 원칙과 방법론을 제시했던 다비드는 신고전주의로부터
의 어떠한 이탈도 용납하지 않았다. 그의 말과 방법이 곧 법이었다.
다비드의 대표작 〈호라티우스 형제의 맹세 The Oath of the Horatii〉를 보
자. 기원전 7세기, 이탈리아의 패권을 다투던 도시국가 로마와 알바
롱가는 군대를 동원하여 전면전을 하는 대신 양쪽에서 세 사람씩의
용사를 뽑아 결투를 하게 하고, 그 결과에 따라 승자와 패자를 가리
기로 합의한다. 이 그림은 호라티우스 Horatius 집안의 삼 형제가 아버
지로부터 검을 받고 조국을 위해 목숨을 바칠 것을 맹세하는 장면이
다. 한 편의 장엄한 이 로마 건국의 역사화는 신고전주의 미술의 본
보기가 되는 작품이다.

　다비드의 제자 중에 앙투안 장 그로 Antoine Jean Gros라는 화가가 있
었다. 어려서부터 미술에 특별한 재능을 보였던 그는 신고전주의의
대부 다비드의 수제자가 되었다. 그로는 1793년부터 9년간 이탈리
아에 머물면서 나폴레옹 Napoléon의 아내 보나파르트 조제핀 Bonaparte
Joséphine을 통해 황제를 알게 되었고, 종군 화가로서 명성을 얻는다.
그는 나폴레옹의 화가가 되어 뛰어난 전쟁화를 많이 그렸다. 그로는

〈호라티우스 형제의 맹세〉, 자크 다비드, 1784년.

〈에일로 전쟁터의 나폴레옹-Napoléon on the Battlefield of Eylau〉, 앙투안 장 그로, 1807년.

다비드를 존경했지만 자기의 내면에서 뜨겁게 솟구쳐 나오는 감정을 억제할 수가 없었다. 그는 뜨거운 감성을 지닌 사람이었다. 그로는 신고전주의의 규범에서 벗어나 바로크식으로 감정을 표현했다. 뜨거운 감정의 배출구를 바로크 미술에서 찾은 것이다.

감정을 억제하라

　　　　　　　　신고전주의 미술의 대표 작가는 장 오귀스트 도미니크 앵그르이다. 앵그르는 오랫동안 이탈리아에 머물면서 르네상스의 고전 미술을 연구했다. 특히 그는 라파엘로에게서 커다란 영향을 받았다. 앵그르는 뛰어난 소묘력과 고전풍의 세련미를 바탕으로 한 완벽한 여성 초상으로 이름을 날렸는데, 신고전주의의 계승자답게 정확한 데생 훈련을 강조했고 즉흥과 무질서를 경멸했다.

　신고전주의는 정확한 형태와 선을 강조하는 미술이다. 형태의 정확성은 치밀한 관찰을 통해 이루어지는데, 치밀한 관찰을 위해서는 냉정한 눈과 이성이 필요하다. 그리고 감정을 억제해야 한다. 앵그르의 〈그랑드 오달리스크La Grande Odalisque〉는 그가 이탈리아에 있을 때 나폴리 왕국의 카롤리네Karoline 여왕의 주문으로 제작된 작품인데, 왕국의 몰락으로 배달되지는 못했다. 그림은 이후 앵그르가 보관하고 있다가 1819년 파리 살롱에 전시했다. 고전 미술의 이상미를 바탕으로 그려진 오달리스크는 등을 돌리고 길게 누워 있는데 매우 아름다운 모습이다.

앵그르가 그린 인물상은 대리석 같이 맑고 매끈한 것이 특징이다. 경쾌하고 우아한 인체의 선을 지닌 그의 인물들은 우아함까지 갖추고 있다. 앵그르는 물리적 정확성뿐만 아니라 인간의 심리를 통찰해 묘사하는 감성까지 갖추었던 작가다. 그는 페르디낭 빅토르 외젠 들라크루아Ferdinand Victor Eugène Delacroix가 이끄는 낭만주의 운동에 대항하며 19세기 고전주의 미술의 중심인물이 되었다.

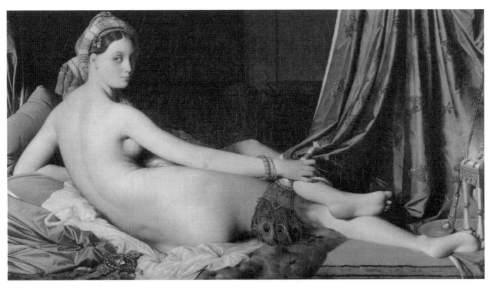

〈그랑드 오달리스크〉, 앵그르, 1814년.

신고전주의

18세기 후반에서 19세기 초에 걸쳐 고대 그리스, 로마의 부활을 목표로 발전한 신고전주의. 예솔이는 오늘 밤 이에 심취해 프랑스 최고의 화가라는 명성을 얻기도 했던 자크 루이 다비드를 만나러 떠난다.

예솔이　신고전주의? 19세기에 왜 고전주의를 추구하는 거예요?

다비드　그리스의 고전 미술을 부활시킨 르네상스 미술을 고전주의라고 해. 신고전주의는 르네상스를 부활시킨 미술이니까 그리스의 재부활인 셈이지.

예솔이　그래서 그리스, 르네상스 미술과 비슷해 보이는 거군요?

다비드　그렇지. 신고전주의 미술은 서양 문화의 원조인 그리스의 고전주의를 추종하는 미술이거든.

예솔이　근대사회에서 새삼스럽게 고전주의를 부활시킨 이유가 뭐예요?

〈나폴레옹 1세의 대관식Le Sacre de Napoléon〉(부분), 자크 다비드, 1805~1807년.

다비드 　프랑스대혁명을 이끈 정부는 영웅적이고 질서 잡힌 시대정신
　　　을 표현하고 싶었거든.

예솔이 　프랑스대혁명의 가치는 자유, 평등, 박애 아닌가요? 그런데
　　　고전주의가 내세우는 가치는 조화, 균형, 질서인데, 이런 것들
　　　은 근대사회와는 어울리지 않는 것 같아요. 마치 과거로 돌아
　　　간 듯해요.

다비드 　혹시 혁명을 누가 정리했는지 아니?

예솔이 　나폴레옹 아닌가요?

다비드 　그래, 맞아. 그런데 나폴레옹이란 사람은 어떤 사람이지?

예솔이 　독재자?

다비드 　원래 독재자들은 조화나 균형이 있는 미술을 좋아하지. 역사
　　　적으로 보면 잘 알 수 있어. 아우구스투스Augustus 황제, 나폴
　　　레옹 황제, 이오시프 스탈린Iosif Vissarionovich Stalin 등이 그런 사
　　　람들이지.

예솔이 　신고전주의는 독재자 나폴레옹을 위한 미술이군요.

다비드 　…….

　정확한 형태와 명확한 선을 강조하는 신고전주의 미술. 형태의 정
확성은 치밀한 관찰을 통해 이루어지는데, 이를 위해 신고전주의는
되도록 감정을 억제했다. 예솔이는 지나치게 감정을 억제한 신고전
주의 미술은 사실적이지만 차갑고 건조하다고 느꼈다.

낭만주의 Romanticism

근대사회의 시작과 인간에 대한 관심

낭만주의 미술가들은 특이한 체험과 상상력을 바탕으로
신화나 이국적인 풍물, 극적인 사건 등을
강렬한 색채로 그려 나갔다. 그들은 형태와 선보다는 색채가,
이성보다는 상상력이 그림의 주요한 요소라고 여겼다.

극적인 감정을 표현하라

낭만주의 미술의 선구자는 스페인 미술가 프란시스코 호세 데 고야 이 루시엔테스Francisco José de Goya y Lucientes이다. 그는 격정적인 그림으로 낭만주의 화가들에게 커다란 영향을 끼쳤다. 고야의 대표작은 〈1808년 5월 3일El Tres de Mayo de 1808〉이다. 1808년, 프랑스 나폴레옹의 군대가 무력으로 스페인을 점령했다. 이에 시민들이 격렬하게 저항하자 나폴레옹은 이를 무자비하게 진압했다. 이 그림은 기계 같이 늘어선 군대가 무장을 하지 않은 양민을 향해 총을 발사하고, 아무런 힘도 없는 사람들이 그 앞에서 처참하게 쓰러져 죽어 가는 장면을 그린 것이다. 저 뒤로는 시대의 양심인 교회가 보이지만 불은 꺼져 있고 어둠 속에서 침묵할 뿐이다. 고야는 전쟁이 끝나고 6년이 지난 1814년 이 그림을 그렸다. 원래 이 그림은 압제자 나폴레옹의 군대에 저항해 봉기한 스페인 민

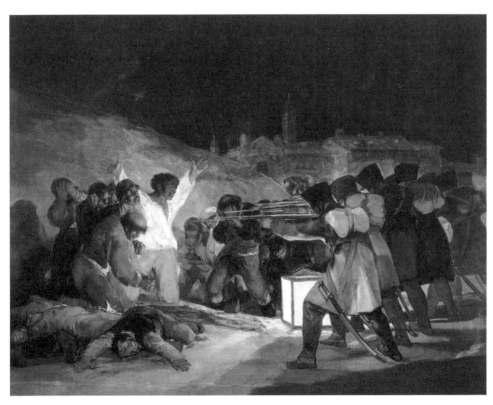

〈1808년 5월 3일〉, 프란시스코 고야, 1814년.

중의 애국심과 용기를 기념하기 위해 그려질 예정이었다. 그러나 고야는 역사적인 사실보다는 이 사건을 일으킨 인간의 잔혹함과 역사의 폭력성을 표현하고 싶었다. 그는 전쟁의 비참함과 절대 권력의 야수성을 빛과 어둠, 현실과 종교(교회), 압제와 저항, 삶과 죽음의 강렬한 대비를 통해 보여 줌으로써 그날의 비극을 실감 나게 그려 냈다.

  낭만주의 미술의 선구자는 33세의 젊은 나이에 죽은 천재 화가 장 루이 앙드레 테오도르 제리코Jean Louis André Théodore Géricault이다. 제리코는 1819년 〈메두사호의 뗏목Le Radeau de la Méduse〉을 그려 일약 낭만주의 미술의 총아로 등장했다. 이 그림은 당시 사회적 화제가 된 사건을 소재로 삼아 그린 것이다. 1816년 7월 2일, 프랑스 공무원과 식민지 세네갈에 정착할 이주민 등 400여 명을 태운 프랑스 군함 메두사호가 바다에서 난파당했다. 선장과 고급 선원은 구명보트를 타고 서둘러 떠났고, 나머지 하급 선원과 이주민은 급조된 뗏목을 타고 바다에서 표류하게 된다. 12일에 걸친 표류 끝에 작은 범선에 의해 구조되었을 때, 살아남은 사람은 10여 명뿐이었다. 생존자들은 굶주림을 견디지 못해 죽은 사람을 먹었다는 소문까지 나돌았다. 그들이 바다에서 겪은 고통과 시련은 많은 사람들의 동정심을 불러일으켰다. 이 그림을 그리기로 결심한 제리코는 생존자들을 찾아다니며 증언을 들었고 시체 안치소를 찾아가 시체의 상태까지도 살펴보았다. 〈메두사호의 뗏목〉에 나타난 삶과 죽음, 절망과 희망의 이 극적인 감정 표현이 낭만주의 미술의 특징이다.

〈메두사호의 뗏목〉, 테오도르 제리코, 1818~1819년.

정열과 상상력이
중요하다

　　　　　　낭만주의 미술은 페르디낭 빅토르 외
젠 들라크루아에 의해 완성되었다. 들라크루아는 폭넓은 교양과 다
양한 감정을 지닌 인물이었다. 그는 신고전주의의 형식적인 규범을
도저히 받아들일 수가 없었다. 특히 감정을 억제하고 형태를 냉철하
게 관찰하며 그리는 앵그르의 그림을 참을 수가 없었다.

한편 들라크루아는 현실의 문제에 매우 민감했다. 그는 1824년, 그리스 독립 전쟁을 소재로 한 〈키오스섬의 학살Scènes des Massacres de Scio〉을 살롱에 출품했다. 1822년, 그리스 독립 전쟁이 발발하자 터키의 회교도 군대는 그리스인들의 저항을 잔혹하게 진압했다. 민가는 불태워지고, 남자와 여자 할 것 없이 약탈당하거나 죽임을 당했다. 〈키오스섬의 학살〉에서 들라크루아는 터키군의 잔혹함과 초토화된 마을에서 살아남은 주민들의 공포감을 불타오르는 듯한 강렬한 색채로 생동감 있게 재현했다.

들라크루아의 〈민중을 이끄는 자유의 여신La Liberté Guidant le Peuple〉은 왕정복고(王政復古, 혁명이나 기타의 사정으로 일단 폐지되었던, 왕이 다스리는 정치로 다시 돌아가는 일)에 반대해 봉기한 파리 시민들이 3일간의 시가전 끝에 찰스 10세Charles V를 몰아내고 입헌군주 루이 필리프Louis Philippe를 국왕으로 맞이한 1830년 7월 혁명을 주제로 한 작품이다. 들라크루아는 혁명에 적극적으로 개입하지는 않았지만 7월 28일의 봉기를 진심으로 지지했다. 혁명을 이끄는 자유의 여신이 자유, 평등, 박애를 상징하는 프랑스 삼색기를 흔들며 권총을 든 소년과 일반 시민들과 함께 시체 더미를 넘어 자유를 향해 전진하고 있다. 보수파들에게 의해 격렬한 비난을 받은 이 작품은 1831년 살롱에 출품되었는데, 루이 필리프가 구입하고는 일부 사람들이 들고 일어날 것을 우려해 곧 숨겨 버렸다.

들라크루아는 아카데미가 권장하는 속물적인 주제에 염증을 느껴 눈부신 색채와 낭만적 풍속을 연구하기 위해 북아프리카를 여행하며

〈키오스섬의 학살〉, 들라크루아, 1824년.

〈민중을 이끄는 자유의 여신〉, 들라크루아, 1830년.

〈사자 사냥〉, 들라크루아, 1854년.

이국적인 풍속화를 그리기도 했다. 〈사자 사냥La Chasse aux Lions〉은 알
제리와 모로코 여행의 추억에서 따온 것이다. 들라크루아는 알제리
와 모로코에서 6개월을 보냈는데, 그때 아랍의 생활과 풍습에 매혹되
었다. 〈사자 사냥〉은 사냥꾼과 사자의 목숨을 건 싸움을 묘사한 그림
으로 마치 작가가 현장에서 그려 낸 듯 격정적이다. 들라크루아는 물
결치는 선과 자유분방한 색채로 사자 사냥의 긴장감을 더했다.

낭만주의 풍경화

영국의 풍경화가 조지프 말러드 윌리엄 터너Joseph Mallord William Turner와 존 컨스터블John Constable은 주로 화실에서 그림을 그렸던 화가들과 달리 야외에서 풍경을 그렸다. 그들은 눈으로 직접 본 자연을 그리기 원했고 자신의 눈으로 본 것에 충실했다. 항상 변화하는 자연의 모습에 매료되었던 컨스터블과 터너는 불변하는 상황보다는 변화하는 쪽을 중시했고, 직접 야외로 나가 바람, 태양, 광선, 구름 등이 만들어 내는 웅대한 자연의 드라마를 화면에 담아 냈다.

윌리엄 터너는 바다 풍경을 즐겨 그리며, 특히 자연광을 역동적으로 처리하는 데 뛰어난 솜씨를 보였다. 프랑스의 화가 클로드 로랭Claude Lorrain과 함께 17세기 네덜란드의 풍경화를 깊이 연구한 터너는 '빛과 대기로 가득 찬 자연'에 매력을 느꼈고, 폭풍우 치는 바다 풍경과 안개 낀 템스강을 주로 그렸다. 어느 날 터너는 템스 강가로 산책을 나갔고 거기에서 트라팔가르 해전Battle of Trafalgar 중 나폴레옹군을 물리친 것으로 유명한 전함 테메레르Temeraire가 초라하게 증기선에 이끌려 선박 해체장으로 가는 장면을 목격했다. 터너는 〈전함 테메레르Fighting Temeraire〉를 통해 석양의 일몰에 검붉게 물든 강과 창백한 전함을 그려 내 역사의 덧없음을 자아내고 있다.

휘몰아치는 바람과 파도가 강 위의 모든 물체를 삼켜 버릴 것 같은 터너의 〈비, 증기, 그리고 속도—대 서부 철도Rain, Steam, and Speed-The Great Western Railway〉는 마치 추상미술을 보는 듯하다. 이 장면은 템스

〈전함 테메레르〉, 윌리엄 터너, 1838~1839년.

〈비, 증기, 그리고 속도−대 서부 철도〉, 윌리엄 터너, 1844년경.

강을 가로지르는 메이든헤드 철교Maidenhead Railway Bridge 위로 달리
는 기차를 그린 것이다. 눈부신 색채와 순간적인 풍경의 인상을 추상
적으로 표현하는 터너의 이 그림은 후에 클로드 모네Claude Monet에게
영향을 주어 〈생 라자르 기차역Le Gare Saint-Lazare〉을 그리게 했다. 터
너의 생생한 색채와 순간적인 인상의 포착은 후에 프랑스 인상파 미
술에 커다란 영향을 주었다.

　존 컨스터블은 자연에 대한 섬세한 관찰과 밝은 색채로 영국 특유
의 소박한 풍경을 묘사했다. 그는 작업실에서 작품을 제작하는 주변
의 화가들과 달리 야외에 나가 스케치를 하며 그림을 그리곤 했다.
그가 그린 〈건초 마차The Hay Wain〉는 1821년 런던 로열 아카데미에
서 전시되었는데 크게 주목받지는 못했다. 1824년 컨스터블은 이 작
품을 파리의 살롱에 출품했는데, 이를 본 낭만주의 화가 들라크루아
는 〈건초 마차〉의 강렬하고 미묘한 색채 표현에 감명을 받아 자신의
작품 〈키오스섬의 학살〉의 배경색을 수정했다고 한다. 컨스터블의
낭만적인 풍경화는 들라크루아뿐 아니라 프랑스 바르비종파École de
Barbizon 화가들에게로 많은 영향을 끼쳤다.

　낭만주의는 독일에서도 활발하게 전개되었다. 독일 낭만주의의 대
표적인 화가는 카스파르 다비트 프리드리히Caspar David Friedrich였다.
그가 그린 〈북극해The Sea of Ice〉를 보자. 이 그림은 1820년경 북극점
의 북서쪽 통로를 탐험한 영국의 에드워드 윌리엄 패리Edward William
Parry의 탐험에 자극을 받아 그린 것으로 추측된다(이 탐험은 비참한 실패
로 끝났다). 프리드리히는 〈북극해〉를 그리기 위해 1821년 엘베강에서

〈건초 마차〉, 존 컨스터블, 1821년.

빙하의 얼음층이 어떻게 쌓이는지를 알아내려고 표류하는 빙하를 수차례 그리는 연습을 하기도 했다. 〈북극해〉는 단순히 바다에서의 재난을 묘사하는 것 이상의 의미를 담고 있다. 1815년, 비엔나 의회에서 독일의 독립을 향한 모든 노력이 억압당하자 독일의 정치 상황은 암울했다. 프리드리히는 바다에 잠긴 배로 독일인의 좌절된 희망을 상징하고, 맑게 갠 하늘을 통해 그래도 미래는 긍정적일 것이라는 소망을 표현하고자 했다.

라파엘전파의
이국적인 그림

1848년 영국의 윌리엄 홀먼 헌트William Holman Hunt, 존 에버렛 밀레이John Everett Millais, 단테 가브리엘 로세티Dante Gabriel Rossetti, 존 윌리엄 워터하우스John William Waterhouse 등 영국 왕립 아카데미의 젊은 화가들은 감상적이고 맥 빠진 고전 예술에 반발했다. 그들은 라파엘로 이전처럼 자연에서 겸허하게 배우는 예술을 추구하며, 깊은 내적 의미를 가진 주제를 선명하게 묘사하고자 라파엘전파Pre-Raphaelite Brotherhood를 설립했다. 그들은 문학이나 신화에서 제재를 택해 낭만적이고 이국적인 정경을 그려 냈는데, 이들의 화풍은 1850~1860년대 초반의 영국 화단에 광범위한 영향을 미쳤다.

라파엘전파의 대표 화가 존 에버렛 밀레이의 〈오필리아Ophelia〉를

〈북극해〉, 카스파르 프리드리히, 1824년.

보자. 셰익스피어William Shakespeare의 〈햄릿Hamlet〉 4장 속 한 장면을 묘사한 이 그림은 그녀의 아버지가 연인 햄릿에게 살해되자 정신이 나가 강물에 몸을 던져 빠져 죽는 장면이다. 라파엘전파 화가들은 셰익스피어의 문학에서 많은 제재를 취했는데, 특히 오필리아의 비극적이고 낭만적인 내용은 자주 애용되었다.

존 윌리엄 워터하우스는 고전적 영감을 바탕으로 낭만적인 그림을 주로 그렸다. 〈성녀 유라리아St. Eulalia〉는 기독교의 순교자인 유라리아의 죽음을 그렸다. 유라리아는 스페인의 메리다에서 태어났는데, 304년경 로마군에 의해 죽임을 당했다. 그녀가 죽는 순간 성령을 상징하는 하얀 비둘기가 입에서 나와 하늘로 올라갔고, 유라리아를 죽인 사람들은 겁에 질려 광장에서 도망쳤다. 그녀는 고문을 당하고 처형되었는데, 그녀가 처형되자 하늘에서는 많은 눈이 내려 비극적인 장소와 그녀의 시체를 담요로 덮듯 하얗게 덮었다고 한다.

〈오필리아〉, 존 밀레이, 1851~1852년.

〈성녀 유라리아〉, 존 워터하우스, 1885년.

낭만주의

예술이는 얼마 전 미술 시간에 물감에 물을 타서 그리는 수채화의 재미를 알게 되었다. 그래서 '수채 풍경화의 아버지'라는 별명을 가지고 있는 터너를 만나러 간다. 빛과 색채의 효과가 잘 드러나는 그의 그림에서 어떤 이야기를 들을 수 있을지 기대가 크다.

예술이　〈눈보라 – 항구 어귀에서 멀어진 증기선Snow Storm-Steamboat off a Harbour's Mouth〉이라니 어떤 상황이에요?

터너　이 그림은 내가 바다에서 눈보라를 만나 거의 죽을 뻔한 경험을 토대로 그렸어.

예술이　실제로 겪은 일을 그려서 그런지 그림이 더 실감 나게 보여요.

터너　고전주의 미술가들은 냉정한 눈과 이성을 중시하라고 하지만, 이런 상황에 처하면 이성이라는 것이 작동하지 못하지. 죽느냐 사느냐 하는 순간 이성이 무슨 역할을 하겠어!

예솔이 그렇군요.

터너 고전주의 미술은 너무 건조하고 감동이 없어. 인간은 감정을 지닌 동물인데, 대체 감정 없이 어떻게 그림을 그릴 수 있겠니?

예솔이 낭만주의 미술은 그래서 감정이 중요하겠군요.

터너 낭만주의에서 감정을 빼면 앙꼬 없는 찐빵이야. 생각해 봐. 〈키오스섬의 학살〉이나 〈메두사호의 뗏목〉, 〈사자 사냥〉을 감정 없이 그렸다면 무슨 그림이 됐겠어? 그저 맥 빠진 기록화가 됐겠지.

예솔이 르네상스나 고전주의 미술은 차갑게 느껴지는데, 낭만주의 미술은 뜨거운 것 같아요.

터너 감정이 살아 있으니 아무래도 그림 속으로 빨려 들어갈 수밖에 없지. 낭만주의 화가는 감상자가 단지 그림을 냉정하게 관찰하기보다 뜨거운 감정으로 그림에 참여하기를 바라거든. 혹시 제리코의 〈메두사호의 뗏목〉을 본 적 있니?

예솔이 네. 당시 실제로 일어난 비극적인 조난 사건을 다룬 작품이죠.

터너 〈메두사호의 뗏목〉을 고전주의자가 냉정한 눈으로 그렸다고 생각해 봐. 그저 무감동한 기록화가 됐을 테지. 감정이야말로 인간이 인간이라는 것을 보여 주는 가장 큰 특징이지. 그림으로 감동을 주려면 적극적으로 감정을 불어넣어야 해.

19세기, 보는 사람의 감정이나 주관을 크게 강조하는 그림이 등장하는데, 이를 낭만주의라고 한다. 낭만주의 미술은 대상에 감정을 이

〈눈보라—항구 어귀에서 멀어진 증기선〉, 윌리엄 터너, 1842년경.

입하거나 적극적으로 감정을 드러내는 것이 특징이다. 예솔이는 마음을 담아 그림을 그리려는 낭만주의 화가들의 그림을 보며 앞으로는 화가의 마음까지 이해해 보기로 결심했다.

사실주의 Realism

근대의 발전과 사실성 발견

19세기 중반, 급속한 도시화가 진행되었고
사회질서는 심하게 동요했다. 사실주의 미술가들은 자신의
눈앞에서 벌어지는 모순된 사회의 모습을 카메라로 촬영하듯
사실적으로 묘사하고자 했다.

내가 본 것만을 그리겠다

산업혁명 이후 사람들은 도시로 몰려들었다. 희망을 가지고 고향을 떠나온 그들은 대부분 도시의 빈민이 되었다. 사회질서는 혼란스러웠고 시민들은 불안에 떨었다. 도시 노동자들은 정부 당국에 인간다운 생활을 할 권리를 요구했다. 그러나 사회의 동요를 두려워한 정부는 이들을 진압했고, 사회는 크게 동요했다.

당시 시인이며 비평가였던 샤를 피에르 보들레르Charles Pierre Baudelaire는 이러한 상황을 강력하게 비판했다. 그는 사회적 모순을 폭로할 영웅주의적인 그림을 갈망했다. 바로 그때 귀스타브 쿠르베Jean Désiré Gustave Courbet가 보들레르의 요구를 예술적 신념으로 삼아 그림을 그릴 것을 결심한다. 원래 쿠르베는 신바로크풍의 낭만적인 화풍의 그림을 그렸으나, 1848년의 혁명 이후부터 반낭만주의적인 태도를 드러내기 시작했다.

〈돌 깨는 사람들Les Casseurs de Pierre〉은 쿠르베가 리얼리즘의 신념을 실현한 최초의 작품이다. 이 그림은 쿠르베의 고향인 오르낭의 뙤약볕 아래에서 힘겹게 돌을 깨고 있는 사람들을 그린 것이다. 돌을 깨는 사람이 입은 조끼는 낡아 너덜너덜하고 양말은 구멍이 나 있다. 그 뒤의 남루한 옷을 입은 소년은 어린 나이임에도 공사장에서 무거운 짐을 옮기고 있다. 쿠르베는 최대한 감성을 억제하고 마치 사진기로 기록하듯 냉정한 시각으로 가난한 사람들의 삶을 표현했다. 쿠르베는 이처럼 아무런 과장이나 미화 없이 자기 주변에서 살아가는 사람들의 실상을 있는 그대로 묘사해, 현실 사회의 모순을 보여 주고자 했다. 미술계는 이러한 그의 그림을 불경스럽다며 격렬하게 비난했다. 현실을 보이는 것보다 미화해 표현했던 당시의 사람들에게 사진처럼 지나치게 사실적인 쿠르베의 그림은 예술성이 결여된 것으로 비쳐졌던 것이다.

당시 미술가들은 신화나 이국적인 풍물 등 이상적이고 공상적인 그림을 주로 그렸다. 반면에 쿠르베는 그림의 주제를 자기 눈으로 본 것으로만 한정하고 이를 밀도 있게 그려 나갔다.

쿠르베의 다른 그림인 〈오르낭의 장례식Un enterrement à Ornans〉을 보자. 그는 이 작품의 원래 제목을 '오르낭에 있었던 매장의 역사화'로 지었다고 한다. 그러나 다소 거창한 제목과 달리 이 그림에서는 역사화가 가지는 역사적 사건이나 영웅적인 인물은 찾아볼 수 없다. 어떻게 보면 소박하기까지 한 그림이다. 프랑스 시골 마을의 장례식에 참석한 사람들은 일하다가 막 온 듯 남루한 옷차림을 하고 있으

〈돌 깨는 사람들〉, 쿠르베, 1849년.

〈오르낭의 장례식〉, 쿠르베, 1849~1850년.

며, 장례식의 집례자들도 소박한 모습을 하고 있다. 쿠르베는 오르낭이라는 마을의 평범한 장례식 그림을 '역사화'라고 부르며 자기중심적 역사관의 중요성을 드러내고자 했던 것이다.

쿠르베는 당시 화가들 사이에 유행하던 상투적인 취향과 타협하지 않았다. 그는 동료 작가들에게 예술적 양심을 따를 것을 요구했다. 완고한 고집을 지닌 것만큼이나 그의 삶은 파란만장했는데, 1871년 파리 코뮌(Paris Commune, 파리 시민과 노동자들의 봉기에 의해 수립된 자치 정부) 때 나폴레옹 1세Napoléon I의 동상을 파괴한 책임으로 투옥되었다가 석방된 후 스위스로 망명하여 생을 마쳤다.

또 다른 사실주의 화가 오노레 도미에Honoré Daumier는 어려서부터 공증인 사무실의 급사나 서점 점원 등 사회의 밑바닥 생활을 했다.

〈삼등 열차〉, 오노레 도미에, 1862년.

그는 삽화를 통해 당대의 정치 현실과 부르주아 계급의 행태를 신랄하게 풍자했고, 회화를 통해 민중들의 진지한 삶을 묘사했다. 도미에는 산업화의 그늘에 가려진 도시 노동자들, 소외된 여성과 아이들의 모습에 따뜻한 시선을 보냈다.

〈삼등 열차Le Wagon de Troisième Classe〉에서 도미에는 낡은 열차를 타고 가는 무표정한 사람들의 모습을 통해 산업사회의 고독과 무기력함을 표현하고자 했다. 사실주의의 원칙에 충실했던 도미에는 항상 사회적 약자의 편에서 현실을 비판적으로 묘사했다.

진실한 농촌의 풍경을
그리다

19세기, 프랑스에는 영국과 네덜란드의 풍경화에 영향을 받고 자연에 몰입하여 새로운 자연주의 회화 운동을 일으킨 한 무리의 화가들이 있었다. 그들은 도시를 떠나 시골에 살면서 자연의 아름다움과 깊이를 몸소 체험하고 계절에 따라 변화하는 자연의 풍경을 그렸다. 그들은 자신들이 머무른 지역의 이름을 따서 바르비종파로 불린다. 여기에 속한 대표적인 화가로는 장 프랑수아 밀레Jean François Millet, 장 바티스트 카미유 코로Jean Baptiste Camille Corot, 테오도르 루소Théodore Rousseau, 샤를 프랑수아 도비니Charles François Daubigny, 쥘 뒤프레Jules Dupré 등이 있다.

노르망디의 가난한 시골 농가에서 태어난 장 프랑수아 밀레는 대지에 깊이 뿌리 내린 농민의 생활에 깊은 애정을 느끼며 자연을 그렸다. 그의 작품 〈만종L'Angélus〉은 하루의 일과를 끝낸 농부 부부가 성당의 첨탑에서 울려 퍼지는 저녁 종소리에 따라 일을 멈추고 밭에서 기도를 드리는 장면이다. 자연의 질서에 순종하며 살아가고, 주어진 삶에 감사하는 이들 부부의 기도는 경건함 그 자체다. 밀레는 이처럼 농촌 사람들의 진실한 삶을 표현하려 노력했다. 그러나 밀레의 의도와 달리 그의 그림은 항상 사회적 논쟁의 대상이 되었다. 〈씨 뿌리는 사람The Sower〉은 11월의 추운 어느 날, 땅거미가 지는데 밭고랑을 가로지르며 농부가 겨울 밀 씨를 뿌리고 있는 장면이다. 밀레는 이 그림에 전혀 정치색이 없다고 주장했지만 1850년 그림이 살롱에서 전

〈만종〉, 밀레, 1857~1859년.

〈씨 뿌리는 사람〉,
밀레, 1850년.

시되었을 때, 많은 파리의 부르주아들은 그의 그림에서 그늘진 사람들의 위협을 발견했다. 어느 비평가는 씨를 뿌리는 사람이 아니라 '사회의 불화와 혁명'의 씨를 뿌리는 작품이라고 평가하기도 했다. 추수가 끝난 들판에서 이삭을 줍는 세 명의 농촌 여인의 평화로운 모습을 그린 작품 〈이삭줍기Les Glaneuses〉 역시 1857년 살롱에 출품되어 격렬한 찬반양론을 불러일으켰다. 보수적인 비평가들은 이 그림을 '빈곤을 관장하는 세 여신들'이라고 비난했다.

이처럼 초반 밀레의 그림은 격식을 따지는 당시 사람들로부터 평

〈이삭줍기〉, 밀레, 1857년.

범하고 하찮다는 이유로 업신여김을 당했으나, 만년에는 작품성을
인정받았다. 그의 작품은 산업화로 인해 인간성이 메말라 가는 도시
에 살면서 전원생활을 그리워하는 세계 각국의 애호가로부터 많은
사랑을 받았다. 밀레는 풍요로운 도시 풍경에 가려졌던 농촌을 하나
의 당당한 현실로 만들어 놓았다.

　장 바티스트 카미유 코로는 파리 교외의 바르비종을 비롯한 여러
곳을 찾아다니면서 많은 풍경화를 그렸다. 그는 화구를 들고 직접 야
외에 나가 눈앞의 풍경을 접하며 은회색의 부드러운 색조로 시와 음

〈모르트퐁텐의 추억〉, 카미유 코로, 1864년.

악적 분위기를 자아내는 그림을 그렸다. 그 대표적인 것이 바로 〈모
르트퐁텐의 추억Souvenir de Mortefontaine〉이다. 모르트퐁텐은 파리 북동
쪽의 작은 마을로 그 자체로 한 폭의 풍경화를 연상시키는 시적인 정
취가 넘치는 곳이다. 안개가 자욱한 어느 봄날 아침, 두 명의 아이와
한 명의 젊은 여자가 호숫가에서 꽃을 꺾고 있다. 코로는 특유의 은
빛을 사용해 호수와 숲, 빛이 이루어 내는 미묘한 뉘앙스를 서정적으
로 표현했다.

사실주의

사실주의 미술은 동시대의 생활상을 세심하게 관찰하고 진실하게 기록하는 것을 목적으로 삼았다. 그중 '최고의 사실주의 화가'라 불리는 쿠르베 역시 현실 세계에서 체험하고 포착한 경험과 정보를 가감 없이 정확하게 표현하려 노력했다. 이러한 사실주의 미술이 어떤 의미가 있는지 궁금했던 예솔이는 오늘 밤, 쿠르베를 찾아 떠난다.

예솔이 앗? 그림에 웬 자국이죠?

쿠르베 나폴레옹 3세Napoleon III가 채찍으로 이 그림을 훅 치고 지나갔거든.

예솔이 왜요?

쿠르베 목욕하는 여인들의 엉덩이가 너무 추하다나 뭐라나?

예솔이 확실히 아름답게 그려졌다고 보기는 힘드네요.

쿠르베 평범한 것을 평범하게 그린 것뿐이야.

〈목욕하는 사람들〉, 쿠르베, 1853년.

예솔이 여인의 누드화는 아름답게 그려진 그림들이 많다 보니, 첫눈에 보기엔 좀 신기하게 느껴졌어요.

쿠르베 〈목욕하는 사람들 The Bathers〉은 내가 고향 오르낭에서 실제로 본 이들의 모습이야. 난 본 대로만 그려. 절대 대상을 미화해서 그리지 않아. 그런 미술 사조를 사실주의 혹은 리얼리즘이라고 하지.

예솔이 제 눈에는 다른 화가의 그림들도 꽤나 리얼해 보여요.

쿠르베 리얼하다는 것은 사실만을 그린다는 의미인데, 내 이전 화가들의 그림은 리얼하지가 않아. 그들은 보지도 않은 천사를 그리고 그리스도를 그리지. 그런 그림은 리얼리즘이 아니야. 리얼리즘 미술이란, 내가 본 것을 그대로 그리는 미술이야.

예솔이 자기가 본 것을 그리는군요.

쿠르베 그보다 대상에 감정을 담지 않는 게 더 중요해.

예솔이 낭만주의 화가들은 감정이 중요하다고 하던데요?

쿠르베 그래서 낭만주의 화가들의 그림이 리얼하지 않은 거야. 그림에 마음을 담기 시작하면 과장하기 마련이거든.

예솔이 어떻게 그림을 그리면서 감정을 배제할 수 있죠?

쿠르베 사실 감정의 개입을 막기란 정말 어렵지. 대상에 시선이 향하는 순간, 감정이 개입되니까.

예솔이 그런데 어떻게 객관적으로 관찰할 수 있다는 건가요?

쿠르베 사진을 활용하면 도움이 되더라고. 사진은 대상을 냉정하게 기록하잖아. 그래서 나도 종종 사진을 이용하곤 해.

예솔이 그래도 너무 사진처럼 그리면 좀 차갑고 건조하지 않나요?

쿠르베 조금 차갑고 건조한 것을 피할 수는 없겠지.

쿠르베는 눈앞의 사실을 있는 그대로 재현하는 것이 예술가의 임무이고, 그것이 진실이라고 주장했다. 그러나 예솔이는 눈앞의 사실을 객관적으로 표현하는 일이 사실 불가능하지 않을까 싶었다. 정말 그게 가능할까? 그게 불가능하다는 걸 알기 때문에 기계인 카메라로 사진을 찍어 활용한 것 아닐까?

쿠르베는 객관적인 사실을 재현하기 위해 종종 사진을 사용했다.

인상주의 Impressionism
빛에 의한 주관적 인상

19세기 후반, 이전의 미술과는 근본적으로 다른 새로운 미술이
등장했다. 인상파는 태양광에 의해 기묘하게 변화하는
색조의 순간적인 상태를 재빨리 그리려 했다.

순간을 그리다

인상주의 미술의 선구자는 에두아르 마네Edouard Manet였다. 마네는 쿠르베와 같이 현실을 리얼하게 그리고자 했다. 자신이 본 것만을 그리겠다는 쿠르베의 사고는 확실히 혁명적이었다. 마네 역시 눈에 보이는 실제를 그린다는 점에서 생각이 일치했다. 그러나 그는 쿠르베와 전혀 다른 방법으로 접근했다.

먼저 쿠르베의 〈만남(안녕하세요 쿠르베 씨La rencontre ou "Bonjour Monsieur Courbet")〉을 보자. 이 그림은 쿠르베가 그림 도구를 짊어지고 파리에서 막 프랑스 남부의 몽펠리에에 다다른 장면을 그린 것이다. 이 지방의 은행가 알프레드 브뤼야스Alfred Bruyas가 집사와 개와 함께 정중하게 그를 맞이하고 있다. 브뤼야스는 쿠르베의 후원자이기 때문에 먼저 인사를 건네야 할 사람은 쿠르베 쪽인데, 그림 속에서는 쿠르베가 도리어 거만을 떨며 브뤼야스의 인사를 받고 있다. 이

〈만남(안녕하세요 쿠르베 씨)〉, 쿠르베, 1854년.

장면은 실제로 일어난 일이 아니라 쿠르베가 위선적인 부르주아 계급의 행태를 비난하기 위해 상상으로 그린 것이다. 쿠르베는 자기가 본 것만을 그리겠다고 했지만 자기의 머릿속에 있는 것을 그리기도 했다.

마네는 여기서 조금 더 나가 생각뿐 아니라 그리는 방식도 새롭게 추구했다. 〈풀밭 위의 점심 식사Le Déjeuner sur L'Herbe〉는 1863년의 살롱에 출품해 낙선한 작품으로, 마네는 이후 이 작품을 낙선자 미술

〈풀밭 위의 점심 식사〉, 마네, 1862~1863년.

전시회에 출품해 커다란 사회적 물의를 일으켰다. 마네는 파리 교외의 전원에서 벌어지는 사람들이 노는 모습에서 이 그림의 아이디어를 얻었다. 나체의 여인과 옷을 입은 남성을 배치하는 구상은 16세기 베니스의 르네상스 화가 조르조네의 〈전원의 합주The Pastoral Concert〉에서 따왔다. 이 그림은 이전의 그림들과 비교해 매우 밝다. 그것은 마네가 이전 작가들과는 완전히 다른 방법으로 그림을 그렸기 때문이다. 마네는 전통적인 명암법이나 색채법을 그대로 좇지 않았다. 밝은 부분을 특히 강조하는 그림을 그렸는데, 그 결과 그림이 매우 밝아졌으나 명암의 단계가 없어져 그림이 평면 같아 보였다.

〈피리 부는 소년Le fifre〉을 보자. 그는 인물과 함께 배경도 단순하게 처리하기 위해 배경 공간을 하나의 색면으로 처리했다. 마네는 이 그림의 배경을 실제의 현실 공간이 아니라 그림의 공간처럼 면으로 처리해 평평하게 만들어 버린 것이다. 인상파 이전의 서양미술은 어떻게 하면 평평한 화면 공간에 삼차원의 실감 나는 공간을 재현할 것인가에 모든 관심이 쏠려 있었는데, 마네는 이를 평평한 과거의 미술로 되돌린 것이다.

마네는 당시의 파리 시민의 생활상을 그리기 위해 카페, 비어홀 등에 자주 출입했는데, 이때 그린 것이 〈폴리베르제르의 술집A Bar at the Folies-Bergère〉이다. 그림의 중앙에는 약간 지치고 우울해 보이는 젊은 여인이 손님을 맞으며 서 있고, 그녀의 뒤로는 커다란 거울이 여인의 뒷모습과 술집 전체를 비추고 있다. 거울을 통해 이곳이 어떤 곳인지 알 수 있다. 마네는 술집의 순간적인 분위기를 포착해서 그렸는데, 거울 안의 손님과 접대부들이 환담을 나누는 모습이 매우 역동적이다. 순간적인 장면을 재빨리 그리려다 보니 거친 터치로 처리되어 형태가 흐트러져 보인다. 마네의 순간적인 인상의 표현은 색채만이 아니라 형태에도 영향을 미쳤던 것이다. 마네는 인상주의자로 불리는 것을 거부했지만 그의 그림에는 인상파적 성격이 잘 드러나 있다.

마네의 혁신적인 스타일과 참신한 이미지는 카미유 피사로Camille Pissarro, 클로드 모네, 알프레드 시슬레Alfred Sisley, 피에르 오귀스트 르

〈피리 부는 소년〉, 에두아르 마네, 1866년.

〈폴리베르제르의 술집〉, 에두아르 마네, 1881~1882년.

누아르Pierre Auguste Renoir 등 청년 화가들 사이에서 관심을 모았고, 후에 인상주의의 길을 여는 출발점이 되었다.

빛을 쫓는 사람들

인상파 양식의 창시자 중 한 사람은 클로드 모네이다. 초기 모네는 사실주의 미술가 쿠르베와 마네의 영향을 받아 주로 인물화를 그렸으나, 외젠 루이 부댕Eugène Louis Boudin의 지도를 받은 후부터 밝은 야외에서 직접 풍경화를 그리기 시작했다.

1874년, 모네와 그의 친구들은 사진가 겸 만화가이던 펠릭스 나다르Félix Nadar의 스튜디오에서 전시회를 열었다. 인상파 미술가들은 당시 미술계의 편견 때문에 번듯한 화랑에서 전시회를 열 수가 없었다. 이 전시회의 안내서에 〈인상, 해돋이Impression, Sunrise〉라는 제목의 모네 그림이 있었는데, 인상이라는 제목을 우스꽝스럽게 생각한 어느 비평가가 조롱의 의미로 그들을 인상파라고 부르기 시작했다. 모네의 〈인상, 해돋이〉는 해가 막 솟아오르는 순간, 불그스름한 해의 기운이 배, 강물, 사람, 건물 모두를 붉게 물들이고 있다. 모네는 해가 위로 나타난 순간의 인상을 순식간에 그렸다.

모네 이전의 화가들은 현장에서 스케치를 한 후 화실에서 비로소 캔버스에 그림을 그렸다. 최대한 현장을 생각하며 천천히 꼼꼼하게 그림을 그려 나갔다. 행여 마음에 안 들면 계속 고쳐 나가면서 수개월, 길게는 수년 동안 그리기도 했다. 반면 인상파는 태양빛에 의해

<인상, 해돋이>, 클로드 모네, 1872년.

기묘하게 변화하는 색조의 순간적인 상태를 재빨리 그리려 했다. 순간을 포착하다 보니 화면이 매끈하게 처리되지 못하고 거친 터치가 남게 되었다. 당시 파리의 미술계와 대중은 이것을 보고 모네가 서툴러서 그리다 만 것이라고 생각하며 인상파를 신랄하게 비난했다.

그러나 인상파에게는 그림의 주제보다는 변화하는 자연을 어떻게 그리는가가 더 중요했다. 모네의 <생 라자르 기차역>을 보자. 모네는 생 라자르역 근처 배를 대 놓는 장소 옆에다 작은 작업실을 임대한

〈생 라자르 기차역〉, 클로드 모네, 1877년.

후 현장에서 작업했다. 모네는 1877년, 4회 인상파전에 생 라자르역을 그린 일곱 점의 작품을 전시했는데, 이 작품은 그중의 하나다. 모네는 영국 여행 중 터너의 〈비, 증기, 그리고 속도—대 서부 철도〉라는 작품을 보고 이 그림을 착상한 듯하다. 그림 속 증기기관차는 파리 생 라자르역에 막 도착해서 뿌연 연기를 내뿜고 있다. 모네는 기차의 엔진에서 피어오르는 증기가 공기 중으로 빠르게 퍼져 나가는 모습을 재빠른 붓 터치로 그려 냈다. 모네는 우아하게 포즈를 취한

귀부인보다 기차의 연기가 공기 속으로 사라져 가는 순간의 인상을 표현하는 일에 훨씬 더 관심이 많았다. 그러나 당시 사람들은 그림 작업이란 고상한 귀족이나 '한 폭의 그림 같은' 자연의 일부를 그리는 것이라는 고정관념에 사로잡혀 기차역 같은 주제는 그림으로 그릴 가치가 없다고 생각했다.

1883년, 모네는 파리 서쪽인 지베르니로 거주지를 옮겼다. 지베르니에서 큰 대지가 딸린 저택을 사고 일본식 정원을 만들었다. 모네는 말년의 마지막 대기획인 〈수련Nymphéas〉 연작을 그리기 위해 외부 세계와는 일체 단절하고 작업에 몰입했다. 모네는 순간순간 변화하는 수련의 모습과 아침저녁으로 연못에 반사돼 변화하는 빛과 대기의 순간적인 뉘앙스까지 표현했다. "모네는 눈만 있어. 그러나 굉장한 눈이지!" 현대미술의 선구자 폴 세잔Paul Cézanne이 인상파를 비꼬면서도 한편으로 인상파의 가치를 인정하면서 한 말이다. 이처럼 모네는 굉장한 눈을 지니고 있었다. 만약 모네가 예술적 감성이 없는 화가였다면, 그의 그림은 화면 위에다 물감 덩어리를 나열한 것에 지나지 않았을 것이다. 그러나 그는 붓을 움직이는 데 천부적인 재능을 가진 대가였다. 그는 몇 번의 붓질만으로 사물이 지닌 특별한 성질을 완벽하게 표현해 냈다.

에드가르 드가Edgar Degas는 인상파의 설립에 큰 도움을 주었고 인상파 전시회에도 여러 번 참여했으나, 그 자신은 사실주의 미술가로 불리는 것을 좋아했다. 드가는 고전파의 대가인 앵그르를 숭배하여 엄격하고 사실적인 데생을 중시했다. 인상파 화가들이 야외에서의

〈수련〉, 클로드 모네, 1916년.

외광 풍경에 몰두했던 것과는 달리, 드가는 실내의 인물 묘사에 주력하는 등 인물화에 관심을 기울였다. 드가는 종종 부유한 파리의 부르주아 계급이 즐기는 오락인 오페라, 발레, 전시 등에서 감흥을 얻어 그림을 그렸다. 그가 즐겨 그린 주제는 발레와 경마였다. 〈관람석 앞의 경주마들Le Défilé, Dit Aussi Chevaux de Course devant Les Tribunes〉는 드가가 경마를 주제로 그린 최초의 그림으로, 그는 막 경마가 시작되기 전 흥분된 말과 기수, 관중의 아우성으로 둘러싸인 경마장의 분위기를 순간적으로 포착했다. 드가는 마치 사진기로 한 장면을 찍듯이 그렸다는 것을 강조하기 위해 일부러 화면 앞의 인물들을 사진 같이 잘라 냈다. 드가는 인상파 기법으로 그림을 완성하지는 않았지만, 순간을 포착해 그리는 그의 태도는 매우 인상파적이었다.

〈압생트L'Absinthe〉 역시 인상파 스타일의 진수를 보여 주는 작품이다. 양주의 하나인 압생트를 앞에 둔 울적한 표정의 여인과 딴청을 피우는 남자가 한적한 카페에 앉아 있다. 이 카페의 이름은 누벨 아테네Caféde la Nouvelle-Athènes로 마네와 드가뿐만 아니라 평론가와 문학가들도 자주 들르던 곳이다. 압생트는 한때 프랑스 내에서는 판매가 금지되었던 독한 술인데, 빈센트 반 고흐Vincent van Gogh와 앙리 드 툴루즈 로트레크Henri de Toulouse Lautrec 등 파리의 화가들이 죽은 것도 이 술과 깊은 관계가 있다.

또 다른 인상파 화가인 피에르 오귀스트 르누아르는 풍부한 색채 표현으로 아름답고 감각적인 화풍을 확립했다. 〈물랭 드 라 갈레트의 무도회Bal du Moulin de La Galette, Montmartre〉는 1877년 3회 인상주의 미

〈관람석 앞의 경주마들〉, 에드가르 드가, 1866~1868년.

술전에 출품했던 작품으로 당시의 야외 술집과 무도회의 즐거운 분위기가 잘 살아 있다. 나무로 뒤덮인 숲의 틈새 사이로 끊임없이 쏟아져 내리는 밝은 빛과 빛의 반사로 화면이 온통 빛으로 진동하는 듯하다. 르누아르는 대형 캔버스를 자신의 아틀리에에서 몽마르트르의 야외 무도장까지 매일 가지고 가서 현장의 정경을 묘사했다. 인생의 후반기, 르누아르는 인기를 얻고 재정적으로 부유해지자 인상파에서 이탈해 살롱을 위한 관습적인 그림을 제작하였다.

카미유 피사로는 파리 북서쪽 교외에서 제자들과 함께 인상파 미

〈압생트〉, 에드가르 드가, 1876년.

〈물랭 드 라 갈레트의 무도회〉, 오귀스트 르누아르, 1876년.

〈붉은 지붕의 집The Red Roofs〉, 카미유 피사로, 1877년.

술을 실험하며 전원 풍경을 주로 그렸다. 그는 전원에서 자연과 접촉하며 느낀 감각을 충실히 재현했고 빛이 만들어 내는 색채의 조화를 민감하게 포착해 표현했다. "내 생애는 인상주의의 역사와 뒤얽힌 것이다"라는 피사로의 말처럼 그는 인상주의자 그룹의 모든 전시회에 한 번도 빠지지 않고 참석했던 유일한 화가였으며, 후기 인상파의 3대 화가인 세잔과 고흐, 폴 고갱Paul Gauguin을 발굴해서 후원하기도 했던 동시대 화가들의 영원한 스승이었다.

또 다른 인상파 풍경화가 알프레드 시슬레는 부친의 권유로 한때

〈마를리항의 홍수〉, 알프레드 시슬레, 1876년.

상업에 종사했지만, 결국 화가가 된 사람이다. 시슬레는 평생을 풍경
화가로서 지내며 일드프랑스 지방을 중심으로 물과 숲의 변화를 주
로 그렸다. 시슬레는 1874부터 1877년까지 마를리 르 루아에 체류
했는데, 이곳은 센강 가까이 위치해서 종종 강물이 불어 마을 전체가
잠기고는 했다. 그곳에서 시슬레는 전혀 예기치 못했던 물난리를 마
주하게 되었으며, 그 상황을 화폭에 담았다. 물에 반쯤 잠긴 건물과
나무들이 일렁거리는 물결에 반사되어 빚어내는 독특한 풍경을 담은
것이 〈마를리항의 홍수L'inondation à Port-Marly〉이다.

1886년 8회 인상주의 미술전을 마지막으로 인상파 전시회는 막을 내렸지만 인상파 미술은 사람들의 사랑을 받으며 19세기 후반 파리의 미술계를 주도해 나갔다.

빛을 분석하라

　　　　　　　　　　　눈부신 빛을 추구했던 인상파 화가들은 조금 더 밝은 그림을 그리고 싶어 했다. 그래서 튜브에서 바로 짜낸 물감을 그대로 캔버스에 칠했다. 그런데 문제가 생겼다. 밝은색 물감이 캔버스에 올라가면 색이 탁해져 버리는 것이다. 섞이면 섞일수록 혼탁해지는 색의 성질 때문이었다. 밝은색을 칠하려 했던 인상파 화가들은 고민에 빠졌는데, 이때 그 고민을 해결한 화가가 조르주 피에르 쇠라Georges Pierre Seurat였다.

　　쇠라는 인상파의 색채 원리를 과학적으로 체계화하고 색채학과 광학 이론을 작품에 적용해 과학적 인상주의인 신인상주의를 만들어냈다. 쇠라는 색이 서로 섞이지 않게 물감을 혼합하지 않고 색으로 점을 찍어 칠했다. 맑게 갠 어느 여름, 파리 근교의 그랑드 자트섬에서 오후 한때를 보내는 이들의 모습을 담은 〈그랑드 자트섬의 일요일 오후Sunday Afternoon on the Island of La Grande Jatte〉를 보자. 1886년 8회 인상파 전람회에 출품되어 가장 이목을 끌었던 작품이다. 쇠라는 이 그림을 그리는 매일 아침 그랑드 자트섬에 나가 여러 사람들의 포즈를 스케치하고, 오후에는 그 모습을 새롭게 조형적으로 만들어 화면

〈그랑드 자트섬의 일요일 오후〉, 조르주 쇠라, 1884~1886년.

〈서커스 사이드쇼〉, 조르주 쇠라, 1887~1888년.

에 배치했다. 그는 다른 색이 섞이지 않은 순수한 색을 뜻하는 순색의 작은 색점을 나란히 칠하는 점묘 기법으로 인상파의 문제점을 극복하고 과학적 인상파의 새로운 장을 열었다. 색점으로 찍어 칠하니 색이 서로 섞이지 않고 결과적으로 밝은 그림이 되었다. 색점을 찍어 그렸다 하여 이러한 화파를 점묘파라 부르기도 하고, 새로운 인상파라는 의미로 신인상파라고도 불렀다.

〈서커스 사이드쇼Circus Sideshow〉는 이동 극장의 입구에서 손님을 끌어 공연의 흥행을 꾀하는 무료 공연의 한 장면을 그린 것이다. 쇠라는 1887년에서 1888년 사이에 이 그림을 그렸는데, 이 그림은 그가 최초로 인공 빛 아래에서 점묘 기법을 시도한 작품이다. 또한 과학자 샤를 앙리Charles Henri의 광학 이론을 체계적으로 적용해 그린 최초의 그림이기도 하다. 쇠라의 점묘 기법은 보는 사람의 머릿속에서 색이 혼합되는 원리를 바탕으로 한 것이었다. 원리는 서로 달랐지만 다 빈치의 스푸마토와 같은 효과를 냈다. 보는 이의 머릿속에서 윤곽선이 그려지는 효과 말이다.

신인상주의 화가 폴 시냐크Paul Signac는 모네의 전시를 보고 화가가 될 것을 결심했다. 후에 그는 쇠라의 그림에 공감해 본격적으로 색채학과 점묘 기법을 연구했다. 바다와 항해를 좋아했던 시냐크는 1892년에 해양 휴양지인 생 트로페의 작은 항구에 매료되었다. 항구 주변의 높은 집과 다채로운 색의 작은 범선은 시냐크의 작품에 지속적인 영감을 주는 원천이 되었다. 시냐크는 이후 10년 동안 생 트로페와 파리를 오가며 신인상주의 미술의 발전에 전념했다. 1891년, 쇠라가 젊은 나이에 갑자기 세상을 떠나자 시냐크는 신인상주의를 대표하는 화가가 되었다. 그는 신인상주의의 색채 분할 기법을 이용하면서도 쇠라의 엄격한 점묘파 이론과는 거리를 두며 기법에 변화를 주었다. 초기 시냐크는 과학적 점묘 기법으로 그림을 그리다가 점차 큰 점을 이용한 모자이크풍의 기법을 구사하며 독자적인 화풍을 구축해 나갔다.

〈생트로페 항구The Port of Saint Tropez〉, 폴 시냐크, 1901년경.

인상주의

여름이면 예솔이 외할머니 댁 정원 연못에 피어나는 수련. 넓은 잎과 그 위에 핀 흰색 꽃은 늘 아름다워 보였다. 그러다 최근 책에서 발견한 모네의 작품 〈수련〉을 보고 예솔이는 깜짝 놀랐다. 빛 속에 놓인 수련의 모습은 너무나 환상적이었기 때문이다. 예솔이는 바로 모네를 만나러 타임머신을 탔다.

예솔이   실례합니다. 아까부터 죽 보고 있었는데, 오늘만 벌써 루앙 대성당을 세 점째 그리고 있네요? 왜 똑같은 그림을 몇 개씩 그리고 있죠?

모네   같은 그림? 같은 그림이라고 했니?

예솔이   네. 이 그림은 모두 루앙 성당을 그린 거잖아요.

모네   루앙 성당은 맞지만 같은 그림은 아니야. 이것들은 모두 다른 그림이야.

예솔이   네? 다른 그림이요?

모네   아침에 본 루앙 성당과 점심, 저녁에 보는 루앙 성당은 같은 성당이 아니거든. 모두 다른 성당이지.

예솔이   이해가 잘 안 돼요.

모네   그럼 네가 생각하는 루앙 성당은 어떤 곳이니?

예솔이   루앙 성당은 13세기에 세워진 고딕 성당으로⋯⋯.

모네 네가 생각하는 루앙 성당은 저 눈앞에 보이는 성당이 아니야. 그것은 루앙 성당에 대한 사전적인 설명일 뿐이지.

예솔이 그렇다면 진짜 루앙 성당은 어떤 곳인가요?

모네 현실 세계의 물체는 시시각각으로 변하지. 이 세상에 고정된 진실이란 없어. 그러니까 루앙 성당의 진실한 모습은 지금 이 순간에만 존재하는 거야.

〈한낮의 루앙 대성당Rouen Cathedral in Full Sunlight〉, 클로드 모네, 1893년.

예솔이   지금 이 순간?

모네   그렇지. 현실 속 모든 것은 시간과 함께 흘러가 버리지. 루앙 성당은 시간의 흐름 속에서 존재하는 셈이야. 나는 시간의 흐름 속에 존재하는 루앙 성당을 그리려는 거야. 내가 보고 있는 지금 이 순간의 루앙 성당만이 진실이지.

예솔이   인상주의는 결국 순간주의인 셈이네요?

모네   그래. 인상주의는 순간을 표현하는 미술인 셈이지. 진실은 순간에 있으니까.

예솔이는 모네의 〈수련〉이 왜 그토록 움직임 가득해 보이는 모습으로 그려졌는지 이해할 수 있었다. 모네는 빛으로 그림을 그리고자 했다. 세상 만물은 빛에 의해 그 형태가 드러나고 빛의 강약에 따라 형태와 느낌이 달라진다고 믿었기 때문이다. 인상파는 그 달라지는 순간이 진실이라고 생각했고, 순간을 포착해 그림을 그린 것이다. 그들의 그림은 그래서 눈부시다.

후기 인상주의 Post-Impressionism

질서와 내면으로의 집중

19세기 후반, 인상파의 미술에 반대하는 한 무리의 화가들이
등장하는데, 이들은 후기 인상파라 불리는
폴 세잔, 빈센트 반 고흐, 폴 고갱, 에밀 베르나르Emile Bernard
등이었다. 후기 인상파 화가들은 관찰 중심의 인상주의 미술의
감각적인 부분에서 벗어나 그 이상을 추구하고자 했다.

세잔 — 자연 속의 모든 물체는
원통, 구, 원뿔로 이루어졌다

나는 루브르 미술관에서 대가들의 그림을 연구하면서 영원불변하는 그 무엇을
추구했다. 특히 주목한 것은 물체의 구조이다. 나는 물체의 구조가 원통, 구球,
원뿔로 이루어져 있다고 생각한다. 나는 이 세 가지로 사물의 구조를 굳건하게
재건하고 싶다. —폴 세잔

폴 세잔은 화가가 되고 싶어서 국립 미술 학교에 응시했지만 계속
해서 낙방했다. 이후 독립 작가로 활동하며 계속하여 살롱에 출품했
으나 이 역시 번번이 낙선했다. 이로 인해 세잔은 실의에 빠지기도 했
으나 화가 카미유 피사로의 도움을 받으며 그림에 전념해 초기 인상
파 미술 운동에 참여했다. 세잔은 루브르 미술관에서 르네상스와 고

〈사과와 오렌지Pommes et Oranges〉, 폴 세잔, 1899년경.

전 미술을 연구하면서 자신의 작품도 이 작품들처럼 영원히 사랑받기를 원했다. 세잔은 1880년대 중반부터 점차 인상파 미술에서 탈피해 자연을 단순화된 기본적인 형체로 되돌려 재구축하기 시작했다.

　198쪽 모네의 〈인상, 해돋이〉를 다시 보자. 화면 속 형태가 구체적이지 않다. 세잔은 인상파 화가들이 눈의 감각만을 쫓아 그림을 그린 결과, 형태가 마치 화면에서 녹아 없어져 버릴 것 같다고 생각했다. 이런 문제점을 극복하고자 그는 자연을 기하학적인 굳건한 형태로 그리고자 결심했다. 세잔은 이 세상의 모든 물체는 원통, 구, 원뿔로 이루어졌다고 생각하고 자연을 이 세 가지 기본 형태로 그려 나갔다. 형태가 비교적 단순하고 오랜 시간 동안 관찰할 수 있는 정물은 조형 훈련을 하기에 좋은 대상이었다. 세잔은 아주 오랜 시간, 심지어 과일이 썩어 문드러질 때까지 그것을 관찰했다. 그는 정물을 그리면서 쌓은 실력을 인물에도 적용하기 시작했다. 세잔이 모델을 얼마나 열심히 관찰했는지 그의 모델로 한번 서 본 사람은 다시는 지원하지 않을 정도였다.

세잔의 〈카드놀이 하는 사람들Les Joueurs de Cartes〉을 보자. 이 그림은 그의 고향인 엑상프로방스 미술관에 전시된 르 냉 형제Le Nain brothers, Antoine Louise et Mathieu Le Nain의 동일 제목의 그림을 보고 자극받아 그린 듯하다. 카드놀이 하는 사람들은 과거부터 유럽의 풍속화가들이 일상적으로 그리던 주제였는데, 세잔은 당시 생활상을 보여 주기 위해 이 그림을 그린 것은 아니다. 그는 카드놀이 하는 사람들을 통해 형태의 구조와 색채의 효과를 실험했다.

인생의 후반기에 세잔은 〈생트 빅투아르산La Montagne Sainte Victoire〉을 연거푸 그렸다. 빅투아르산은 세잔의 고향 동쪽 방면에 우뚝 솟은 바위산으로, 세잔은 정물화에서 시도한 물체의 구조에 대한 실험을 자연으로까지 확대해 나갔다. 빅투아르산 연작을 그려 나가면서 세잔은 자연을 교차하는 면들의 집합으로 만들어 나갔다. 색면들이 겹쳐지면서 밀어내고 후퇴하는 상호 작용에 의해 하나하나의 형태가 창조되고 입체감이 생겼다. 세잔은 "그림이란, 느낌을 조합하는 예술이다. 그림은 색과 윤곽 그리고 면의 관계를 창조해 내는 것이다"라는 결론에 도달했다.

〈카드놀이 하는 사람들〉, 폴 세잔, 1890~1892년.

〈생트 빅투아르산〉, 폴 세잔, 1902년.

고흐 — 기쁨과 위안을 주는
그림을 그리고 싶다

> 인상파의 그림은 놀랍지만, 나는 그림이란 단순히 빛의 반사가 아니라고 생각
> 한다. 나는 그림의 진실은 빛이 아니라 슬픔, 기쁨 등의 여러 감정을 표현하는
> 것이라고 믿는다. —반 고흐

반 고흐는 화가가 되기 전 화랑의 직원, 책방 점원, 전도사 등 여러 직업에 종사했다. 1880년, 화가가 되기로 결심한 그는 브뤼셀, 헤이그 등지를 전전하며 미술 수업을 받았다. 1883년 12월, 경제적인 문제로 목사인 아버지의 새 부임지 누에넨에 돌아온 고흐는 장 프랑스와 밀레를 본받아 농민 화가가 될 것을 결심했다. 땅에서 땀 흘리며 노동하는 농민과 노동자의 모습에서 강한 동질감을 느꼈기 때문이다. 그는 이들의 정직한 삶의 모습을 감동적으로 그려 내려고 노력했다.

1886년 2월, 고흐는 새로운 자극을 받기 위해 파리로 갔다. 그는 이곳에서 인상파 미술의 밝은 그림을 보고 커다란 충격을 받았다. 고흐는 자신의 갈색 계열로 구성된 팔레트가 얼마나 구식인가를 깨달았다. 이후 그의 팔레트는 점점 밝아졌으며, 붓 터치는 강렬한 색채로 진동했다. 파리에서 고흐는 인상파의 빛과 색을 다루는 방법과 신인상파의 점묘 기법을 이용해 도시의 카페와 거리, 센강의 주변 풍경 등을 자유롭게 그려 나갔다. 파리에서의 거주하던 시절은 그에게 독자적인 화풍을 만들어 나가던 예술적 실험기였다.

〈감자 먹는 사람들The Potato Eaters〉, 반 고흐, 1885년.
"나는 램프 불빛 아래에서 감자를 먹고 있는 사람들이 접시를 내밀고 있는 손, 자신을 닮은 바로 그 손으로 땅을 팠다는 점을 분명히 보여 주려고 했다." ―반 고흐

파리는 고흐에게 인상파라는 새로운 미술 세계에 눈뜨게 해 주었다. 그러나 그는 파리의 추운 겨울과 과로, 무절제한 생활로 인해 극심한 신체적·정신적 피로를 느꼈으며 결국 파리를 떠나기로 결심했다. 인상파 미술을 극복하고 자기만의 새로운 미술 세계를 완성하기 위해, 평생의 목표였던 농민 미술을 추구하기 위해, 자연에 대한 그리움을 달래기 위해 1888년 2월, 드디어 파리를 떠나 프랑스 남부의 아를로 향했다. 이곳에 도착한 고흐는 하루 종일 돌아다니며 그림의 주제를 찾았고 쉬지 않고 그림을 그렸다. 그는 식사를 주문하는 일 외에는 아무 말도 하지 않았고, 그림을 그리지 않을 때는 동생 테오 반 고흐Theo van Gogh와 친구들에게 편지를 쓰는 일로 시간을 보냈다. 아를에서 고흐는 밝고 강렬한 색채, 명료하고 간결한 구성 등을 특징으로 하는 자신만의 회화 세계를 구축해 나갔다.

아를에서 노란 집이라는 작업실을 임대한 고흐는 가난으로 고통받는 동료 예술가를 위한 공동 작업장을 만들어 함께 작업하며 예술적 영감을 나누고자 했다. 그는 고갱, 베르나르 등에게 아를로 오라는 편지를 보냈다. 1888년 10월, 고흐의 요청을 수락한 고갱이 도착했다. 세계 미술사에 빛나는 두 거장 고흐와 고갱은 아를의 노란 집에서 두 달 동안 함께 생활하면서 그림을 그렸고 예술에 대해 열띤 토론을 벌였다. 그러나 강렬한 개성을 지닌 두 대가는 서로 다른 예술관과 생활 태도로 인해 갈등을 겪었고, 급기야 1888년 12월 23일, 고흐가 면도날로 고갱을 위협하고 자신의 왼쪽 귀를 자르는 사건이 벌어졌다. 고흐가 귀를 자른 사건은 단순히 자신을 육체적으로 괴롭히

〈노란 집The Yellow House〉, 반 고흐, 1888년.

노란 집은 처음으로 고흐에게 오랫동안 머무를 장소라는 생각을 갖게 해 주었다. 고흐는 이 집에 파리에서 고생하는 동료 화가들을 불러 모아 공동으로 생활하고 그림을 그리고 싶게 했다.

〈까마귀가 나는 밀밭 Wheat Field with Crows〉, 반 고흐, 1890년.
고흐의 마지막 작품으로 알려진 그림이다.

는 것에서 끝난 일이 아니었다. 이 사건은 향후 그의 일생에 결정적인 영향을 미쳤다. 이후 고흐는 아를에서 미치광이로 낙인찍히고 말았다.

생의 말기, 심각한 정신병 증세를 겪던 고흐는 치료에 마지막 희망을 걸고 1890년 5월, 의사인 폴 가셰Paul Gachet 박사가 있는 파리 근교의 오베르쉬르와즈로 향했다. 이곳의 자연에 만족한 고흐는 정신적 불안정에도 불구하고 강력한 집중력을 발휘하여 작업하면서 생의 마지막 순간까지 감동적인 그림을 제작했다. 1890년, 고흐가 독립 예술가 협회 전시회에 작품을 전시했을 때 파리의 친구들은 그의 성공을 확신했다. 그러나 그는 더 이상 버틸 수 없는 지경에 이르렀고 결국 자신의 성공을 보지 못한 채 1890년 7월 29일, 오베르의 밀밭에서 권총 자살로 파란만장한 삶을 마감했다.

고흐는 작품 세계만큼이나 격정적인 삶을 살았던 작가였다. 오늘날 우리가 보는 고흐의 걸작은 정신병에 시달리면서도 때때로 마음의 평정이 돌아왔을 때 그린 그림이다. 정신병으로 자신의 귀를 자르기도 한 고흐는 온갖 어려움 속에서 살다가 스스로 목숨을 끊었다. 고흐는 자신의 그림이 평범한 사람들에게 기쁨과 위안을 주는 소박한 그림이 되기를 바랐다.

고갱 ─ 그림은 상징이다

산업화된 서구 사회는 인간 본연의 순수성을 박탈해 버렸다. 나는 현대인이 상실한 순수한 감정을 되찾고 싶다. 천박한 유럽의 산업 문명이 앗아간 예리한 감성과 그것을 솔직하게 표현할 수 있는 방법을 되찾기를 원한다. 그러기 위해서는 무엇보다도 순수한 눈과 감성을 가져야만 한다. 그 순수한 눈을 통해 세상을, 자연을, 모든 것을 새롭게 보아야만 한다. ─폴 고갱

폴 고갱은 증권거래소 직원으로 일하며 일요일에만 그림을 그려 '일요화가'라는 별명을 가졌다. 그는 1881년 6회 인상파 미술전에 〈바느질하는 쉬잔(누드 습작)Suzanne Sewing, Study of a Nude〉을 출품해 호평을 받는 등 작가로서 나름대로 명성을 얻었다. 자신감을 얻은 고갱

은 1883년, 전업 작가의 길로 나선다. 그러나 막상 예술가로만 살다 보니 성공은 고사하고 하루하루 버티기도 쉽지가 않았다. 가난과 외로움에 지친 고갱은 아내와 자녀를 데리고 1894년 11월, 코펜하겐에 있는 처갓집으로 이사를 했으나 상황은 조금도 나아지지 않았다. 당시 부인 메테 소피 가드Mette Sophie Gad가 프랑스어 레슨을 하기 위해 거실을 사용했기 때문에, 그는 지붕 밑 다락방을 아틀리에로 쓰면서 틈틈이 작품 제작에 몰두했다. 그때 그린 그림이 〈이젤 앞의 자화상Self-Portrait in Front of an Easel〉이다. 당시 고갱은 하루에도 몇 번씩 자살을 생각했으며 그런 심정을 카미유 피사로에게 고백했다. 작가로서의 삶에 위기감을 느낀 고갱은 1885년 6월, 미술에 전념하고자 파리로 떠났고 다음 해인 1886년, 생활비가 덜 들고 새로운 미술을 추구할 수 있는 프랑스 남부의 시골 마을 퐁타벤으로 이주했다.

고갱은 퐁타벤에서 에밀 베르나르, 샤를 라발Charles Laval 등과 작업하면서 현대인이 상실한 순수한 감성을 되찾으려 했다. 그가 퐁타벤에서 그린 〈황색의 그리스도Le Christ Jaune〉를 보자. 고갱은 시골 사람들의 생활 속에서 종교가 여전히 커다란 역할을 하고 있다는 사실에 감동해 이 그림을 그렸다. 여기서 그리스도상은 슬픈 표정을 하고 있는데, 그것은 아마 이 시기에 고갱이 처한 재정적·예술적·신체적인 곤경을 이입해 표현한 것으로 보인다.

1888년 봄, 고갱의 상황은 절망적이었다. 돈은 바닥나고 병이 심해져 사면초가에 빠졌다. 그래서 고흐의 제안을 받아들여 아를로 떠났다. 1888년 10월, 고흐와의 공동 작업을 위해 아를에 도착한 고갱

〈이젤 앞의 자화상〉,
폴 고갱, 1885년.

은 노란 집에서 같이 생활하며 작업하고 예술에 대해 열띤 토론도 했
다. 그러나 시간이 지나면서 고갱과 고흐는 서로 다른 생활 방식과
예술관으로 격렬하게 다투기 시작했다. 둘의 토론은 너무나 격렬해
서 밤새 싸우다 간신히 아침에 일어날 정도였다. 시간이 지나면서 고
갱은 아를을 떠날 기회만을 엿보고 있었다. 사실 고갱이 아를에 온
것은 순전히 돈 때문이었다. 당시 경제적 사정이 너무나 안 좋아 잠
시 아를로 피신해 있었던 것인데, 인내심이 약하고 격정적인 고흐와
작업하는 일은 고갱에겐 아주 괴로운 것이었다. 후일 그는 자신의 글
에서 그때의 심경을 다음과 같이 밝혔다.

〈황색의 그리스도〉, 폴 고갱, 1889년.

우선 나는 고흐의 무질서함에 큰 충격을 받았다. 그의 물감 상자는 모든 물감을 넣어도 될 만큼 충분한 크기의 상자였다. 그는 튜브에서 물감을 짜낸 다음 뚜껑을 닫은 적이 없다. 그와 같은 혼란과 무질서 속에서도 그의 캔버스는 불타는 듯 격렬했다. 그리고 그가 사용하는 언어 또한 격정적이다.

과연 우리가 얼마나 오랫동안 함께 작업을 할 수가 있을까. 내가 열정적으로 작업을 시작했음에도 불구하고 내게는 이 시간이 1세기만큼이나 길게 느껴진다.

-폴 고갱, 〈어떤 야만인의 글〉 중에서

1888년 12월 23일, 드디어 사건이 터졌다. 고흐가 신경쇠약으로 제정신이 아닌 상태에서 귀를 자른 것이다. 이 사건 이후 고갱은 다시 퐁타벤으로 돌아갔고 차츰 인상파풍에서 벗어나 강한 원색이 두드러지는 장식적인 미술을 지향했다. 그리고 고갱은 1891년, 원시의 섬 타히티로 떠난다. 이곳에서 고갱은 원주민의 건강한 삶과 열대의 정열적인 색채를 특징으로 하는 상징주의를 완성했다. 한편 개인적 불행은 타히티에서도 계속되었다. 1897년, 고갱은 건강 악화와 빈곤, 사랑하는 딸 알린 고갱Aline Gauguin의 죽음 등으로 괴로워하다 자살을 시도했다. 가까스로 살아난 그는 혼신의 힘을 다해 〈우리는 어디에서 와서 어디로 가는가Where Do We Come From? What Are We? Where Are We Going?〉를 그렸다. 그림 오른쪽 아래에 누워 있는 아기는 인류의 과거를, 그림 중앙에 서서 익은 과일을 따는 젊은이는 인류의 현재를, 화

〈우리는 어디에서 와서 어디로 가는가〉, 폴 고갱, 1897년.

면 왼쪽 아래에 웅크리고 귀를 막고 있는 늙은 여인은 인류의 미래를 상징한다. 그림 왼편 윗부분에는 타히티섬의 전설 속 달의 여신 '히나Hina'상이 있고, 아래에는 고갱의 딸 알린이 그려져 있다. 분신처럼 아끼던 딸 알린이 죽자 타히티의 여신 히나의 힘을 빌려 되살리고 싶었던 것이다. 1901년 타히티에서 마르키즈Marquesas로 이주한 고갱은 강압적인 기독교의 전도 방식과 식민지 행정에 대항해 싸우다 3개월간의 투옥과 벌금 1000프랑을 선고받았다. 그러나 이 형이 실행되기 직전인 1903년 5월 사망하면서 결국 이국의 땅에서 파란만장한 삶을 마감했다.

고갱의 눈

예솔이는 지난번 반 고흐를 만나러 갔을 때, 고갱이 반 고흐에게 보낸 한 통의 편지를 발견했다. 언뜻 본 그 편지에는 '이 작품은 꾸밈 없이 위대하고 미신적인 단순함에 도달했다'는 내용이 적혀 있었다. 예솔이는 어떤 작품인지 확인하기 위해 오늘 밤 고갱을 만나러 간다.

예솔이   아하, 바로 이 그림이군요. 그런데 제목이 특이해요. 〈설교 뒤의 환상(천사와 씨름하는 야곱)La Vision Apres Le Sermon ou La Lutte De Jacob Avec Lange〉. 사실인가요? 환상인가요?

고갱   네 생각은 어떤데?

예솔이   사실 같기도 하고 환상 같기도 하네요.

고갱   둘 다 맞는 말이야.

예솔이   왜 이런 그림을 그렸죠?

고갱   사실주의 이후 서양의 미술은 그 기능을 상실했어.

예솔이 무슨 기능인데요?

고갱 저 사과가 보이니? 저 사과를 어떻게 생각해?

예솔이 사과는 사과 아닌가요? 그리 맛있어 보이지는 않네요.

고갱 그게 우리 근대인의 사과에 대한 생각이지. 사과는 이제 단순한 과일일 뿐이지. 그러나 먼 옛날, 인류에게 사과는 유혹의 도구였고, 지혜와 청춘의 상징이었어. 그런 상징을 바탕으로 에덴의 사과, 파리스의 심판(아름다움을 겨루는 시합으로 우승자에게 황금 사과가 주어진다) 같은 이야기들이 탄생할 수 있었어.

〈설교 뒤의 환상〉, 폴 고갱, 1888년.

예솔이　아…….

고갱　그만큼 미술의 세계가 축소되었다는 뜻이야. 자, 그럼 다시 〈설교 뒤의 환상〉을 보렴. 이 그림은 퐁타벤 여인의 신앙심에 감동해서 그리게 되었어.

예솔이　네. 열심히 기도하고 있네요.

고갱 성직자가 성경에 대해 가르치자 여인들은 열심히 기도했지. 그때 난 그녀들이 머리 위로 천사와 싸우는 야곱을 떠올렸을 거라고 생각했어.

예솔이 그러니까 이 그림의 아래는 현실의 모습이고, 나무 위의 야곱과 천사는 상상으로 그린 거네요.

고갱 그래. 이런 사조를 종합주의라고 하지. 현실과 상상을 종합했다고 해서 이름 붙인 거야. 종합주의는 요즘 유행하는 인상주의나 사실주의 같은 재미없는 미술 사조를 극복하기 위한 미술 사조야. 앞으로는 현실과 똑같이 그리는 사실주의 미술은 더 이상 의미가 없을 거야. 20세기에는 상징적이고 장식적인 미술이 대세가 될 테니까.

고갱은 그림이 보이는 것 이상의 무엇을 의미하기를 원했는데, 이는 상징주의라고 불린다. 고갱이 추구했던 상징주의는 19세기 말에서 20세기 초에 걸쳐 프랑스를 중심으로 일어났던 예술 운동으로, 눈으로 포착할 수 없는 주관적 정서를 표현하고자 했다.

20세기 미술 20th Century Art

현대미술의 출현과 새로운 실험

20세기는 이전과는 비교할 수 없을 정도로 복잡하고 빠르게
변화하는 시대였다. 20세기 초, 사회와 발맞추어 미술가들도
열광적으로 새로운 미술의 영역을 개척해 나갔다.

야수파,
색채를 해방하다

20세기 초, 처음 현대미술의 문을 연 이들은 앙리 에밀 베누아 마티스Henri Émile Benoît Matisse와 그의 동료인 야수파 화가들이었다. 앙리 마티스는 고흐와 고갱의 그림을 보고 커다란 충격을 받았다. 이전의 그림이란 자연에서 받은 느낌이나 이야기를 사실적으로 그리는 것을 의미했다. 그런데 고흐와 고갱은 사실적으로 그림을 그리지 않았다. 그럼에도 불구하고 그들의 그림은 큰 감동을 주었다. 그래서 마티스는 꼭 사실적으로 그림을 그릴 필요는 없다고 확신하게 되었다. 마티스가 특히 주목한 것은 고흐와 고갱의 색채였다. 그들은 주관적 정열과 순수한 감성을 표현하기 위해 색채를 자유롭게 사용했다. 전통적 미술에서 색채는 형태를 실감 나게 표현하는 보조 수단 정도의 의미밖에는 없었다. 그러나 마티스는 색

〈모자를 쓴 여인〉,
앙리 마티스, 1905년.

채 또한 형태만큼이나 중요하다고 생각했다.

　1905년 앙리 마티스와 동료 화가 앙드레 드랭André Derain, 모리스 드 블라맹크Maurice de Vlaminck, 알베르 마르케Albert Marquet 등은 살롱 도톤(Salon d'Automne, 매년 가을 파리에서 열리는 미술 전람회)의 방 하나를 요란한 원색과 자유로운 붓질로 가득 채웠다. 이 전시에 출품된 마티스의 〈모자를 쓴 여인The Woman with the Hat〉을 보자. 이전의 화가들은 그림을 그릴 때 항상 형태의 윤곽선 안에만 색을 칠했다. 그러나 마티스는 격렬한 느낌으로 형태 밖까지 색을 칠했다. 당시 이 방의 중

〈붉은 작업실〉, 앙리 마티스, 1911년.

앙에는 르네상스 초기의 이탈리아 조각가 도나텔로의 작품이 하나 있었는데, 이 전시를 지켜본 어느 비평가가 "야수들에 둘러싸인 도나 텔로"라고 야유를 보냈다. 이렇게 해서 야수파란 말이 태어났다는 이 야기가 있다. 야수파란 그들의 색채와 터치가 야수와 같이 너무나 강 렬해서 붙여진 이름이다.

마티스의 〈붉은 작업실The Red Studio〉을 보자. 이 그림 역시 색은 형태 밖까지 칠해져 있으며 색과 형태와 관계는 모호하다. 어디까지 가 탁자고, 어디서부터가 벽인지 구별되지 않는다. 색채가 형태를 강조하는 역할에서 벗어났다는 사실은 중요한 의미를 가진다. 그것은 형태 역시 자연과 똑같이 그려질 필요가 없다는 것을 의미한다. 이제 그림은 자연을 묘사하는 것이 아니라 색채와 색채, 색채와 형태, 형태와 형태와의 조화를 추구한다. 그림이 그림 내부의 질서에 따른다는 것은 미술이 우리가 살아가는 현실과는 아무런 관계를 갖지 않는, 예술을 위한 예술, 즉 추상미술을 지향하게 된다는 의미이다.

표현주의, 산업사회의 추한 모습을 드러내다

표현주의 미술의 선구자는 고흐에게 강한 영향을 받은 노르웨이 화가 에드바르 뭉크Edvard Munch이다. 그는 일찍이 어머니와 누이를 결핵으로 잃었는데, 그 자신도 병약했다. 뭉크는 개인적인 슬픔과 망상을 바탕으로 삶과 죽음, 사랑과 관능, 공포와 우수 등을 강렬한 색채와 왜곡된 형태로 표현했다.

그의 대표작 〈절규The Scream〉는 제2차 세계대전 이후 특히 유명해졌는데, 그것은 아마 인간의 실존적인 공포를 표현함으로써 전쟁이라는 참사를 겪은 세계인들에게 보편적인 지지를 받았기 때문인 듯하다. 저승사자처럼 보이는 두 명의 모자를 쓴 신사가 걸어 내려오고 무엇에 놀랐는지 전방의 사람은 손을 머리에 올리고 비명을 지르고 있다. 그는 너무나 놀라 마치 해골처럼 보이고, 그의 입가에서는 신음 소리가 들려오는 듯하다. 그의 뒤로는 피오르 해안과 언덕이 마치

⟨절규⟩, 에드바르 뭉크, 1893년.

〈드레스덴 거리〉, 키르히너, 1908년.

피로 물든 듯 그려져 있다.

  에른스트 루트비히 키르히너Ernst Ludwig Kirchner의 〈드레스덴 거리Street, Dresden〉 역시 불안한 인상이다. 이 그림은 소란스럽고 근심스러운 20세기 초의 독일 도시의 모습을 보여 준다. 키르히너는 산업사회의 급진전 속에서 부정적으로 변해 가는 독일 사회의 모습과 인간 군상을 격렬하게 표현했다. 키르히너는 후에 이 그림에 대해 '그림 속 사람들을 혼잡스럽게 그려 넣을수록 나는 더 외로움을 느꼈다'라고 쓰기도 했다. 이 같은 강렬한 색채와 거친 터치, 일그러진 형태, 표현의 단순화 등은 표현주의 미술의 특징이다. 표현주의는 뜨거운 감성을 중시하는 미술이다.

언뜻 그림을 보면 표현주의 미술은 프랑스의 야수파 미술과 비슷해 보인다. 그러나 둘은 완전히 다른 미술이다. 야수파 미술은 19세기 말의 프랑스 사회를 배경으로 삶의 풍요로움을 표현했던 예술이었던 반면, 표현주의는 산업 문명의 부작용으로 고통받는 20세기 초 독일 사회의 모순된 상황을 적나라하게 표현한 미술이었다. 독일은 19세기 후반이 되어서야 겨우 통일 국가를 이룩했다. 다른 나라보다 뒤늦게 근대화를 시작했기 때문에 급속하게 자본주의가 들어서면서 그로 인해 극도의 사회적 혼란과 모순이 적나라하게 드러났다.

표현주의 화가들은 눈앞에서 벌어지는 모순된 현실과 추한 인간의 모습을 가차 없이 그려 냈다. 그들은 가난과 고통, 폭력, 격정 등을 예민하게 느꼈고, 그것들을 미화하지 않고 때로는 오히려 과장해서 표현했다. 표현주의 미술가는 순화되지 않은 감성을 바탕으로 격렬하게 그림을 그렸다.

입체주의, 형태는 면들의
집합으로 이루어졌다

1907년, 파블로 피카소Pablo Picasso가 〈아비뇽의 여인들Les Demoiselles d'Avignon〉을 발표하자 주위에서는 난리가 났다. "저것도 그림인가?"라는 반응이 일반적이었다. 사실 좀 이상하기는 하다. 사나운 얼굴, 뒤틀린 몸, 거친 몸짓……

〈아비뇽의 여인들〉, 파블로 피카소, 1907년. ©2018-Succession Pablo Picasso-SACK(Korea)

피카소는 천재적인 솜씨를 지닌 작가였다. 그는 어린 나이에 너무나 그림을 잘 그려 미술 교사였던 아버지가 자신의 그림 도구를 어린 피카소에게 물려줄 정도였다. 젊은 시절 파리 미술계에서도 그는 장래가 촉망되는 작가였다. 그런 그가 갑자기 〈아비뇽의 여인들〉 같은 해괴망측한 그림을 그렸으니 주위 사람들이 얼마나 놀랐겠는가. 왜 피카소는 이런 그림을 그렸을까? 그것은 피카소의 예술관이 변했기 때문이다. 피카소는 완전한 형태를 그리고 싶어 했다. 그는 한 방향에서만 봐서는 사물의 본질을 알 수 없다고 생각했다. 그는 상하좌우, 앞뒤에서 본 것을 종합할 때 완벽한 형태를 파악할 수 있다고 생각했다. 그런데 사람이 신도 아니고 어떻게 한 번에 사방에서 볼 수가 있는가? 불가능한 일이다. 그러나 피카소는 그 불가능한 일을 해냈다. 그는 이집트 미술가들처럼 아는 정보를 종합해서 그린 것이다. 피카소는 사방에서 본 대상을 면으로 분해하고 그것들을 하나로 종합하여 형상화했다. 〈아비뇽의 여인들〉은 그 불가능한 예술을 시도하며 현대미술의 본격적인 출발을 선포하는 작품이었다.

피카소와 함께했던 조르주 브라크Georges Braque는 미술의 본질이 형태에 있다고 생각하고 세잔의 기하학적 조형 사고를 더 깊이 파고들어 형태를 정육면체로 표현하는 입체주의인 큐비즘cubism을 탄생시켰다. 이들은 입체파 운동을 시작해 1908년부터는 분석적 입체파 시대를, 1912년부터는 종합적 입체파 시대를 열어 갔다. 형태를 단순화하는 세잔의 추상적인 사고는 피카소, 브라크를 거쳐 피터르 코르넬리스 몬드리안Pieter Cornelis Mondriaan, 카지미르 세베리노비치 말레비

〈레스타크의 집들Houses at L'Estaque〉, 조르주 브라크, 1908년.
©Georges Braque/ADAGP, Paris-SACK, Seoul, 2018.

치Kazimir Severinovich Malevich 등에 의해 추상미술로 이어졌다. 피카소
와 브라크는 20세기 미술의 꽃인 추상미술의 선구자였다.

미래주의,
기계문명을 찬양하라

1910년, 이탈리아에는 기계문명을 끔
찍이 찬양하던 예술가 집단이 있었다. 그들은 미래주의자로 불렸는
데 대표적인 구성원으로는 에밀리오 필리포 토마소 마리네티Emilio
Filippo Tommaso Marinetti라는 시인이 있었다. 그는 20세기 새로운 예술
의 탄생을 위해서는 구시대의 상징인 미술관, 도서관 등을 파괴해야
한다고까지 주장했다. 마리네티는 "이탈리아 예술가 여러분! 현대 문
명의 특징인 자동차나 기차, 비행기 등이 내는 속도를 찬양하고 표현
합시다!"라고 외쳤다.

현대 문명의 특징이 역동주의, 즉 속도에 있다고 하자. 그런데 그
것을 어떻게 그린단 말인가? 아무리 움직이듯이 그리려 해도 2차원
의 평면에 그림을 그리는 순간 속도가 정지해 버릴 텐데 말이다. 미
래주의자들은 이 해결하기 곤란한 문제의 답을 사진가 에드워드 마
이브리지Edward Muybridge의 연속 사진에서 찾았다. 이 영향 아래 제작
된 움베르토 보초니Umberto Boccioni의 〈공간 속에서의 연속적인 단일
형태들Unique Forms of Continuity in Space〉을 보자. 작가는 힘차게 거리를
활보하는 인물의 연속적인 동작을 조각 형태로 바꾸어 놓았다. 보초

〈공간 속에서의 연속적인 단일 형태들〉, 움베르토 보초니, 1913년.

니는 이 작품을 만들기 위해 2년 동안 회화와 드로잉, 조각 등으로 인간 근육의 정확한 움직임을 표현하는 연습을 했다. 그러한 노력의 결과, 공간 속에서 움직이는 강력한 신체를 3차원적으로 표현하는 데 성공했다. 이처럼 미래주의는 빠르게 전개되는 현대 기계 사회를 긍정적인 눈으로 보고 현대 생활에 적극적으로 참여하여 예술과 생활을 연결했다.

순수 추상 미술,
형태 없는 그림을 그리다

러시아 태생의 바실리 칸딘스키Wassily Kandinsky는 모스크바에서 개최된 인상파 전시회에서 모네의 그림을 보고 감명을 받아 화가의 길로 나섰다. 독일로 미술 공부를 하러 간 그는 알렉세이 폰 야블렌스키Alexej von Jawlensky, 프란츠 마르크Franz Marc 등과 1906년 뮌헨에서 내적 표현을 중시하는 표현주의 그룹 '청기사'를 결성했다.

칸딘스키가 자신의 그림에 관한 깊은 생각을 안고 화실로 돌아온 날이다. 그는 화실 저편에 빛을 받아 밝게 빛나는 눈부신 그림을 보고 깜짝 놀랐다. 붉은 저녁노을을 받아 빛나는 그 그림은 너무나 아름다웠다. 그는 그것이 무엇인지 몰랐다. 다음 날 아침 칸딘스키는 그것이 자신의 그림이라는 것을 알았다. 어제의 감동을 느껴 보려고 그림을 옆으로 눕혀도 보고, 거꾸로 세워 보기도 했지만 그 감정을 도저히 다시 느낄 수가 없었다. 칸딘스키는 깨달았다. 화면에 그려진 구체적인 대상이 오히려 감동적인 그림을 감상하는 데 방해가 된다는 사실을. 칸딘스키는 이후 화면에서 대상을 하나하나 없애 나가기 시작했다.

칸딘스키는 1909부터 1913년까지 비물질적인 인간 내부의 무의식적이고 즉발적인 표현을 〈즉흥Improvisation〉이라는 이름의 연작으로 제작했다. 〈즉흥 31(해전)Improvisation 31 Sea Battle〉 그림을 보자. 뚜렷한 형상이 없고 화려한 이 작품은 추상적이지만 일부 이미지는 알아

보는 것이 가능하다. 이 그림의 주요 모티브는 전투 중인 두 개의 범선이다. 칸딘스키는 현실의 형태에 제한받지 않고 강렬한 색채로 자유롭게 율동감을 표현했다. 여기서 대상이 더 지워지면 순수 추상으로 이어진다. 20세기 초, 칸딘스키는 일체의 의미를 담지 않은 순수 추상미술을 추구했고, 미술의 혁명이라 할 수 있는 추상미술의 선구자가 되었다.

신조형주의, 초자연적인
우주의 질서를 그리다

네덜란드의 화가 피터르 코르넬리스 몬드리안은 칸딘스키와는 다른 방법으로 추상미술을 전개했다. 〈빨강, 파랑, 노랑의 구성Composition with Red, Blue and Yellow〉이라는 작품을 보자. 몬드리안의 추상미술은 칸딘스키의 자유로운 추상미술과는 달리 엄격하다. 실제로 몬드리안은 어린 시절 엄격한 청교도 집안에서 자라기도 했다. 그가 그림을 통해 표현하려고 했던 것은 초자연적인 우주의 질서였다. 몬드리안의 나무 그림 연작을 보면 그가 어떻게 우주를 단순화했는지 알 수 있다. 우선 그는 나무를 입체로, 입체를 면으로, 면을 선으로 간단하게 만들었다. 그러다 이윽고 그림 안에서 자연의 모든 물체를 수평선과 수직선으로 단순화했다.

몬드리안은 냉정했다. 그는 그림에서 감각적 작용을 철저히 배제하고 이성에 의한 엄밀하고 객관적인 추상미술을 시도했다. 몬드리

〈즉흥 31(해전)〉, 바실리 칸딘스키, 1913년.

〈빨강, 파랑, 노랑의 구성〉, 피터르 몬드리안, 1927년.

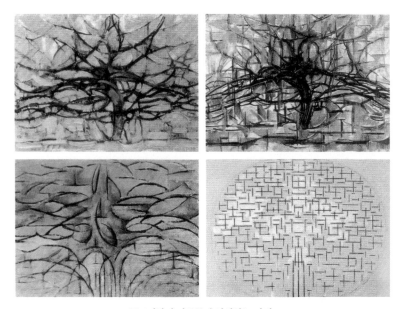
몬드리안이 나무를 추상화하는 과정.

안에게 수평선과 수직선은 곧 음양(우주 만물의 서로 반대되는 두 가지 기운으로 달과 해, 겨울과 여름, 북과 남, 여자와 남자 등)이자 세상의 모든 것을 대신하는 것이었다. 그는 완전한 추상은 자연적인 외관을 뛰어넘는 우주적 질서를 제공한다고 생각했다.

추상에는 이처럼 몬드리안과 같이 본질적인 요소를 하나하나 분석해 나가는 것이 있고, 칸딘스키처럼 뜨거운 감성을 확 쏟아부어 표현하는 것이 있다. 분석은 머리로 한다. 머리는 차갑다. 그래서 몬드리안의 작품과 같은 추상미술을 차가운 추상 또는 기하학적인 기본 형태만이 남았다 하여 기하학적 추상미술이라고 한다. 마음은 뜨겁고 격렬하다. 감정의 표현에 중점을 둔 칸딘스키의 작품과 같은 추상미술을 뜨거운 추상이라고 부른다. 같은 추상이지만 두 추상미술의 원리는 전혀 다른 것이다.

초현실주의,
환상의 세계를 건설하자

20세기 가장 독창적인 초현실주의 화가로 불리는 살바도르 펠리페 토 달리Salvador Felipe Jacinto Dali의 〈기억의 지속The Persistence of Memory〉을 보자. 일그러진 시계와 정체불명의 물체가 보인다. 대체 여기는 어디일까? 이곳은 '초현실'이라는 곳이다. 초현실은 말 그대로 현실을 초월한 세계이고 현실에 없는 곳이다. 달리는 형태를 극도로 왜곡하여 초현실이라는 낯선 풍경을 만들어 냈다. 그는 서로 융합할 수 없는 사물을 묶어 놓음으로써 기상천외한 세계를 보여 준다.

왜 초현실주의자들은 이런 그림을 그렸을까? 바로 전쟁 때문이었다. 1914년, 유럽에서는 인류 최대의 재앙이 시작됐다. 제1차 세계대전이 발발한 것이다. 20세기 초 사람들은 기계 시대가 펼쳐 보일 장밋빛 미래에 큰 희망을 품고 있었다. 모든 것이 다 술술 풀릴 것 같은 시대 분위기였다. 그런데 웬걸, 전쟁이 일어나자 그동안 사람들의 속마음에 잠재되어 있던 야수성이 드러나기 시작했다. 사람들은 서로 죽이고, 남의 문명을 철저하게 파괴했다. 지각 있는 예술가들은 그동

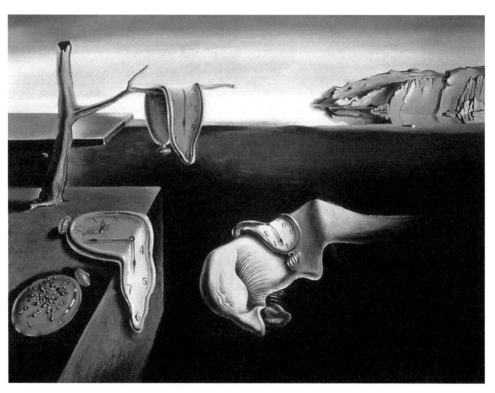

〈기억의 지속〉, 살바도르 달리, 1931년. ©Salvador Dalí Fundació Gala-Salvador Dalí SACK, 2018.

안 떠들었던 사랑이니 인간성이니 이성이니 하는 것들이 모두 거짓이었다는 것을 깨달았다. 초현실주의자들은 야수 같은 현실이 너무나 싫었다. 그래서 새로운 세계를 찾아 나선 후 도달한 것이 바로 초현실이었다. 아뿔싸, 그런데 초현실은 경험할 수 없는 세계였다. 인간은 시간과 공간을 초월할 능력이 없기 때문이다. 이때 초현실주의자들이 주목한 것은 신경과 의사이자 정신분석학의 창시자인 지크문트 프로이트Sigmund Freud가 연구하던 '꿈'이었다. 꿈이란 어떤 세계인가? 말도 안 되는 일이 일어나는 곳이다. 내가 죽었는데 이야기가 진행되고, 도둑이 쫓아와 낭떠러지로 떨어졌는데 날아다니고…… 도무지 현실과는 다른 세계다. 꿈은 현실에서 인간을 옭아매는 시간과 공간으로부터 자유로운 세계이면서 매우 낯선 장소다. 초현실주의자들은 눈요기를 위해 기괴한 그림을 그린 것이 아니었다. 그들은 불만족스러운 현실을 극복하고자 또 다른 세계를 열망했던 것이다.

액션 페인팅,
그림 그리는 행동을 주목하라

미국 추상표현주의의 선구적 화가 잭슨 폴록Jackson Pollock은 이전 작가들과는 달리 전혀 새로운 방법으로 그림을 그렸다. 보통의 화가들은 이젤에다 캔버스를 세워 놓고 붓으로 그림을 그린다. 그런데 폴록은 바닥에 캔버스를 깔고 물감을 뿌리며 그림을 그렸다. 그는 캔버스 위에 페인트를 붓거나 떨어뜨리는 등

〈No.1〉, 잭슨 폴록, 1951년.

신체와 도구를 자유롭게 활용하며 액션 페인팅Action Painting을 선보였다. 무아지경 상태에서 일어나는 내면의 여러 감정을 물감을 뿌리며 표현한 것이다. 순간순간 느껴지는 기쁨이나 슬픔, 분노, 불안 등을 온몸으로 화면에 담아냈다. 폴록이 페인트 통을 들고 화면을 돌아다니며 물감을 뿌려 댄다고 하여 그의 작업을 드립 페인팅Drip Painting이라고도 부른다. 이런 그의 작업은 이후 팝 아트Pop Art 같은 미술 운동에도 많은 영향을 끼쳤다.

팝 아트, 더 이상
그리지 않는다. 선택할 뿐

20세기 복제 환경은 하루에도 수십만, 수백만 장씩 쏟아지는 사진과 영상, 기계제품 등으로 인간의 생활을 근본적으로 변화시켰다. 이제 사람들은 자연을 접하는 것보다 기계로 재생산된 복제물을 접하는 것이 더 익숙하다. 인간의 주변은 복제물로 점점 채워져 나갔고 작가들은 기계가 생산하는 이미지를 작품에 이용하기 시작했다. 20세기 일부 미술가들은 이를 활용해 급진적이고 혁명적인 방식으로 활동했는데, 콜라주(Collage, 화면에 종이 등을 오려 붙여서 만드는 기법 또는 작품), 오브제(Objet, 예술과 무관한 물건을 본래의 용도에서 분리해서 작품에 사용하는 것) 등의 방식을 사용했다. 미술은 이제 무엇을 그리거나 만드는 일이 아니라 기계가 만들어 낸 이미지를 골라 자르고, 붙이고, 복사기로 확대·축소하여 새로운 작품을 창조하는 일이 되었다.

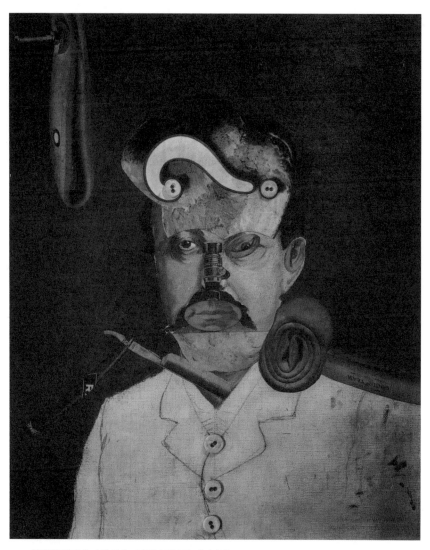

〈불행한 발명가 나의 삼촌 아우구스투스를 기억하라Remember Uncle August the Unhappy Inventor〉
게오르그 그로츠, 1919년.

팝 아트

예솔이는 얼마 전 익살스러운 그림이 그려진 옷을 선물로 받았다. 광고나 인쇄물에서 자주 보던 느낌이었다. 어떻게 보면 만화가가 그린 것 같기도 한 이 그림은 미국 팝 아트의 선구자 앤디 워홀Andy War-hol의 작품이었다. 발랄해 보이는 그 작품이 어떤 의미를 지니는지 알아보기 위해 오늘 밤은 앤디 워홀을 만나러 간다.

예솔이　솔직히 그동안 제가 만나 온 화가들과는 좀 다르게 작업하시는 것 같아요.

워홀　음, 아무래도 쉽게 그린 그림 같아 보인다는 말이지?

예솔이　앗…….

워홀　내가 여배우 메릴린 먼로Marilyn Monroe나 정치가 모택동의 사진을 구해다가 단순히 여러 가지 색으로 바꿨다고 보는 사람도 있지.

예솔이 그 점이 조금 신기했어요. 진짜 모델을 그려야 하는 거 아닌가 요?

워홀 내게는 여기 이 사진이 진짜 모델인 셈이야.

예솔이 사진은 그냥 사진 아니에요?

워홀 너는 20세기의 상황을 전혀 이해하지 못하고 있구나. 20세기 에는 단순히 자연만 생각해서는 안 돼. 지금은 사진이나 기계 가 만들어 낸 것 또한 세상이고 자연이야.

예솔이 으…… 어렵네요.

워홀 주변을 둘러봐. 우리가 사는 20세기의 복제 환경은 이전과는 완전히 다른 현실을 만들어 내고 있어. 기계는 하루에도 수천, 수만 가지의 복제물을 생산해 내는데, 미키마우스, 메릴린 먼로, 인조 야자수 등이 바로 그래. 이들은 금방 사라져 버리는 것이 특징이야. 즉, 소비되는 것이지. 곧 소비될 이미지를 그렇게 많은 시간을 들여 그릴 필요가 있을까? 복제된 메릴린 먼로 사진을 이용해 작업하는 게 훨씬 효율적이지 않을까?

예솔이 그래도 그런 작업은 어쩐지 예술과는 좀 거리가 있어 보여요.

워홀 예술이란 무엇이라고 생각하니?

예솔이 아…… 역시 어렵네요.

워홀 예술이란 일상과 분리된 것이 아니야. 지금 내가 사진을 고르는 행위도 일종의 예술이지. 예술의 세계에서 창작자와 감상자 사이의 우발적이고 유희적인 이런 행위를 '해프닝'이라고 해.

예솔이 그렇군요.

워홀 사진은 매우 신속하게 현대사회의 특징을 잡아 내지. 즉, 산업 사회를 가장 잘 이해하고 표현할 수 있는 것은 기계가 아닐까? 사진기 말이야. 사진기야말로 산업 시대 최고의 예술가야.

 수프 깡통이나 음료수 병, 달러의 지폐, 유명인의 초상화 등을 실크 스크린silk screen 판화 기법으로 제작했던 워홀. 잡지의 표지나 슈퍼마켓 진열대 위에서 흔하게 볼 수 있는 물건에서 영감을 얻어 대량

〈캠벨 수프 통조림Campbell's Soup Cans〉, 앤디 워홀, 1965년.

생산 했던 최고의 팝 아티스트. 예솔이는 워홀과의 대화를 통해 그의 작업 방식이 동시대의 문화와 사회에 대한 이해와 날카로운 통찰력으로 탄생했다는 것을 알 수 있었다. 그래서일까? 워홀은 자신의 예술을 "세상의 거울"이라고까지 말했다.

참고 서적

박우찬, 〈서양미술사 속에는 서양미술이 있다〉, 재원, 1998.

에른스트 H. 곰브리치, 〈서양미술사〉, 예경, 2002.

진중권, 〈진중권의 서양미술사〉 1~3권, 휴머니스트, 2013.

그린이 **편안**
'마라라'라는 캐릭터로 활동하고 있으며, 일상의 감정을 공유하고 소통하는 그림을 즐겨 그린다.
그린 책으로는 『나는 아직 준비 중입니다』 『황성주 박사의 건강 십계명』 등이 있다.
https://blog.naver.com/thanks_asy

동굴 벽서는
어떻게
미술이
되었을까?

ⓒ 박우찬, 2018

초　판 1쇄 발행일　2004년 1월 17일
개정판 1쇄 발행일　2018년 4월 27일
개정판 5쇄 발행일　2024년 4월 1일

지은이　　박우찬
펴낸이　　정은영

펴낸곳　　(주)자음과모음
출판등록　2001년 11월 28일 제2001-000259호
주소　　　10881 경기도 파주시 회동길 325-20
전화　　　편집부 (02)324-2347, 경영지원부 (02)325-6047
팩스　　　편집부 (02)324-2348, 경영지원부 (02)2648-1311
이메일　　jamoteen@jamobook.com

ISBN 978-89-544-3870-4 (44080)
　　　 978-89-544-3135-4 (set)

• 이 책은 『한 권으로 읽는 청소년 서양 미술사』(2004)의 개정증보판입니다.